2020年からの
新しい学力

石川一郎

SB新書
487

はじめに

【問い】もしあなたが、ザビエルのように知らない土地に行って、その土地の人びとに何かを広めようとする場合、どのようなことをしますか。600字以内で答えなさい。

このような「問い」を見て、あなたはどう感じるでしょうか。

「ザビエルは『以後よく来日、宣教師』だから、1549年に日本に来てキリスト教を広めた。でも、あなたならどうするかと聞くのか。変わった問題だなあ」

「どのようにって、人びとに嫌われず、信頼されることが大事かな。最初に現地の支配者のところに珍しいお土産なんか持っていって、気に入られるのがいいかも。それにしても、600字の作文にしなくちゃいけないのは、たいへんね」

たとえば、そんなことを思った方が、いらっしゃるかもしれません。

間違いなく私にいえるのは、このような問題を学校のテストや入試問題で出された経験のある大人は、ほとんどいないのではないか、ということです。

ところが、2020年に始まる大学入試改革や、その後に引き続く教育改革（新学習指導要領の導入）が求める〝新しい学力〟とは、じつは、こんな問いに答える能力なのです。第1章で詳しく解説しますが、この問いは、「思考コード」という教育や学習の段階的な考え方では「創造的思考」に分類されます。A軸・B軸・C軸の三つに分ける考え方のうち、C軸に位置づけられる設問です。

フランシスコ・ザビエルについて知っていることを前提として、思考力・判断力・表現力といった能力を問うており、必ずしも正解のない難問ともいえます。ある解答が何点かという評価や判定が、非常に難しいこともおわかりでしょう。

しかし、「ある土地で何かを広めていく」のは、およそあらゆる産業に必要なことですね。宗教にかぎらず、政治やマスコミも、学問や教育も、普及させることが重要です。だから、この問いに「なるほど」と思える解答を出せる生徒は、さまざまな分野で仕事ができるし、強く生きる力を持っているだろう、と判断できるはずです。

この本は、冒頭の問いに答えることができる学力とはどんなものか、それを子どもたちにつけさせるにはどうしたらよいか、について書いた本です。創造的思考は、とくに第4章と第5章でお話しします。

次に、こんな設問はいかがでしょうか

【問い】（ザビエルの肖像画を見て）この人物の名前を答えなさい。

【問い】ザビエルがしたこととして正しい選択肢をすべて選び、年代順に並べなさい。


「ザビエルの肖像画は知っているわ。頭のてっぺんが禿げた髪型の、西洋のお坊さん」

「こういう問題、よくテストでやらされたぞ」

そうです。この種の問いは、〝これまでの学力〟を持っているかどうかをたずねています。思考コードでは「知識・理解思考」に分類され、A軸に位置づけられる設問です。

この問いに答える力は、私にいわせれば「勉強力」と呼ぶべきものです。

生徒が〝思考停止〟していても、ただただ暗記させれば対応できる話。しかも、「絵の人物がザビエルとわかる」ことや「ザビエルの事跡を年代順に並べる」ことが子どもたちの人生で役立つのは、テストでそれを聞かれたときだけ。つまり、実人生ではあまり役に立たない知識でしょう。

ただし、ザビエルに関する知識や理解はまったく必要ない、というのではありません。それを教育で教えることはきわめて重要です。問題は、それさえ覚えていればよいという考え方が教育界に蔓延(まんえん)し、生徒も保護者も教員もそう思いすぎていることです。この現状に私は強く警鐘を鳴らしたいのです。これは第3章で取り上げます。

もう一つ、こんな問題はどうでしょう。

【問い】ザビエルが日本に来た目的は何ですか。50字以内で書きなさい。

この種の問いは、〝これまでの学力〞でも重視されてきました。思考コードでは「論理的思考」の段階に分類され、B軸に位置づけられる設問です。

これに答えるには良質の「読解力」が必要です。応用や論理という「数学的な力」も反映されるでしょう。A軸とC軸とをつなぐ重要な連結部で、この部分を日常の学習で積極的にトレーニングする必要がある、と私は考えています。ところが、「読解力」の足りない子どもたちが、いま急増しています。この問題は第2章で論じます。

結局これまでの「勉強力」は、教師なり会社の上司なりから〝指示された業務〞を〝期限内に納入する能力〞ではなかったか、と私は思います。その能力は戦前も経済成長期も必要とされましたし、これまでの〝古い〞仕事にむいています。

ところが、グローバル化が進み、ＩＣＴ（情報通信技術）が発展し、本格的なＡＩ（人工知能）時代が目前に迫っています。この時代を生きるには、〝新しい学力〟がどうしても必要です。その能力こそが、予測不能な未来に新しいものを生み出していきます。

保護者のみなさんはもちろん、教育関係者や教師のみなさんも、この本で新しい学力とは何かを考え、その力を子どもたちにつけていくにはどうすべきか、模索や試行を重ねていただきたい、と私は願っています。

かえつ有明中・高等学校で教頭や校長を務め、いま香里ヌヴェール学院で学院長をしている私は、「21世紀型教育機構」という組織にもかかわり、講演会などでさまざまな学校の保護者や先生方とお話しする機会があります。

保護者や教師のみなさんが一様に口にするのは、「予測不能な難しい時代が来ることも、いまの教育では通用しないことも、よくわかる。でも、具体的にどんな教育をして、子どもにどんな力をつけさせればよいのかが、皆目わからない」ということです。

そこで、「思考コード」という教育や学習の段階的な考え方がある。これまでの教育はもっぱらＡ軸の「知識・理解思考」重視だった。今後は、Ａ軸・Ｂ軸の必要性を踏まえながら、Ｃ軸の「創造的思考」を広げていかなければならない。いってみれば子どもたちを

〝C軸の人〟になるように、育てていく必要があるのですよ。――と私がお話しすると、みなさん、とても腑に落ちるように納得してくれます。

これまでの学校教育は、C軸の「創造的思考」を問うこともなく、それをどう評価すればよいかも考えてきませんでした。しかし、子どもたちの人生は、C軸的な考え方がどこまでできるかで、大きく左右されてしまいます。

思考コードのA軸・B軸・C軸という考え方を使って、現在の小中高校の教育を、理論的にも構造的にも組み替えていき、教育や授業の中身を再構成していかなければならないのが、現在です。この本が、そのことにいささかでも貢献できれば、著者としてこれほどうれしいことはありません。

この本の第5章でまとめた「想像力」「デザイン力」「自分軸」を持って、力強く、のびのびと生きる子どもたちが、一人でも増えることを願っています。

第1章　2020年大学入試改革にはじまる「教育改革」の〝落とし穴〟

――高く掲げる理想はよいが、現場が対応できない

首都圏模試センターが考案した「思考コード」とは
なぜ「思考コード」が〝画期的〟な教育ツールなのか
思考コードの理論の元となる「ブルーム・タキソノミー」とは
ブルーム・タキソノミー、思考コードと新学習指導要領
社会や人生に活用できる資質・能力をはぐくむ
「思考力・判断力・表現力」のとらえかた
第1回「大学入学共通テスト」は21年1月16／17日
ほころびが見え隠れしはじめた共通テスト
国公立は一次試験として使うが、私大の位置づけは千差万別
「思考力・判断力・表現力」を問う問題が増える
教科書の本文以外に書かれた細かい知識をテストする
早稲田大学政治経済学部の入試問題は、画期的に変わる

日本語が通じない日本人が増えている
「読解力」は、文章の意味内容を理解して「インプットする能力」
インプット（入力）から、アウトプット（出力）が生まれる
「思考力・判断力・表現力」には、読解力が欠かせない
国語ができる子は、算数の文章題もよくできる
文章問題より計算問題になってしまうわけ
「字」の読み書きは教えても「論理的な文章」の読み書きは教えない
読解力不足の最大の原因は、スマホでは？
インターネットやスマホは、もうなくせない。どう付き合っていくかが問題
知識と思考はつねにセット。どちらか一方だけではない
近い将来、半分近い仕事がＡＩに奪われかねない
「未知の状況」はＡＩ時代の到来？
ＡＩに仕事を奪われないために、子どもに必要な力とは
読解力を高めるには
英語圏では子どもたちに「ランゲージアーツ」を教え込む

第3章 こんな学校に子どもを預けてはダメ

——注目は〝マイルドに管理しつつ背中を強く押す〟系でない新興勢力

第4章　こうすれば子どもの学力は伸びる
――子どもを型にはめて、伸びる芽を摘んではいけない

序章　真に必要な「学力」が見失われている

――志望校に入るための「勉強力」は、本来の「学力」ではない

2020年大学入試改革から教育改革へ

・2020年度（21年1〜3月の受験期）から、大学入試のやり方が変わる。
・教育改革はその後も引き続き、小中高すべての学校で授業が大きく変わる。

このことで、いま、小学校・中学校・高校・大学が大きく揺れています。具体的に何がどう変わるかは、第1章で詳しく説明します。ここでは、まず、次の二つの大きな変化が目前に迫っていることを、押さえていただきたいと思います。

①「大学入試センター試験」に代わって「大学入学共通テスト」をおこない、知識だけでなく「思考力・判断力・表現力」を問う問題を出す。英語では、民間検定試験の結果を入試選考に使えるようにする。
②「学習指導要領」を改訂し、「思考力・判断力・表現力」や「学びに向かう力・人間力」などに重点を置く教育に変えていく。

一言でいえば、子どもたちにとって「知識」は欠かせないが、それ以上に「考える力」が重要だから、日本の学校教育全体を方向転換させ、考えることのできる日本人をつくっていく、というのです。

方向転換の大きな背景が、1990年代初頭のバブル崩壊から始まった〝日本経済の停滞〟であることには、みなさん異論ないだろうと思います。

教育のあり方は、国の歴史・伝統・文化・宗教・民族精神といったものに深く根ざしながら、そのときどきの社会の要請、政治や経済状況などによって揺れ動きます。「昭和」の半ばから「平成」、「令和」へと続く時代の教育を、ざっと振り返っておきましょう。

1945（昭和20）年、戦争で大敗北を喫した日本は、戦前の社会のあり方をおおいに反省してアメリカの教育制度を導入し、民主教育を推進しました。6－3－3－4年制やPTAが典型です。ただし、制度はマネしても、教育精神や教室での教え方は、以前とあまり違わなかったような気がしませんか。

日本は軍国主義や対外膨張策は捨てましたが、代わりに復興から成長を果たし、やがてアメリカに追いつき追い越す、という経済戦争を続けました。そこでおこなわれていたのは、忍耐し努力すればいまよりよくなる、必ず上にいけて豊かになる、という教育ではなかったでしょうか。

この時代は「よりよい高校」「よりよい大学」「よりよい就職」といった目的が単純で、しかも明確でした。教育する側も教育を受ける側も目標が共通で、一丸となって上を目指します。どの段階でも、誰もが一様に高いポジションを目指す受験戦争が繰り広げられ、偏差値が重視されました。

戦後の復興をへて、50年代半ばに始まった高度成長は、70年代前半にテンポを緩めて安定成長へと移行し、「昭和の時代」は右肩上がりの経済が続きました。日本は68年に世界第2位の経済大国に躍り出て、80年代後半には一人あたりGDP（国内総生産）でアメリカを追い抜いています。

戦後の教育が経済成長を支え、それなりの成果を上げたことはたしかでしょう。

ICTの飛躍的発展やグローバル化にうまく対応できない

そんな経済成長の大きな曲がり角となったのが、91（平成3）年のバブル崩壊です。以後「平成の時代」を通じた実質経済成長率は平均1％ほどにすぎません。デフレ（物価下落）状況下で景気の低迷が長く続くなか、少子高齢化・国の借金1000兆円超・非正規社員の急増・格差拡大・人口減少といった問題も顕在化してきました。

いずれも、一人ひとりの忍耐や努力や頑張りではどうにもならない難問のようです。しかし、教育する側は相変わらず「頑張れ！」と励まし、教育を受ける側は「？」と感じる時代。ライフスタイルの多様化がいわれ、「ナンバーワンよりオンリーワン」と歌われた時代でもありました。

この時代のきわめて重要な変化は、第1に、ちょうど平成の始まるころ東西冷戦が終結し、旧ソ連・東欧・中国などが新しく世界市場に参入してきたこと、第2に、時期を同じくしてICT（情報通信技術）の飛躍的な発展が始まったことでしょう。この二つで世界のグローバル化が一気に進みました。

低成長や経済の成熟化がいわれ、「物あまりの時代」や「物からソフトへの時代」が本格化したところに、安い労働力で生産する新興国が登場してくれば、これまでと同じ物づくりはうまくいきません。しかも、マイクロソフト、アップル、グーグル、アマゾン、フェイスブックといった新しいグローバル企業が、インターネットを駆使してビジネスのあり方を大きく変えていきます。

日本は、かつてのような〝世界の工場〟の地位を失っていき、いまや一人あたりGDP

はOECD（経済協力開発機構）36か国中20位前後と、先進国でも下から数えたほうが早いところまで後退してしまいました。

こうした状況に、日本の教育は残念ながらうまく対応できなかった、といわざるをえないようです。中学高校と6年間英語を勉強し続けても英語が話せず、交渉下手でなかなか海外に出ていけません。企業からは「指示待ち人間」「指示待ち部下」が増えて、自ら考えて道を切り拓こうとする若者がめっきり減った、という嘆きも聞こえてきます。

そこで、後手後手に回った観は否めないものの、ようやく「令和の時代」に、大学入試を変え教育改革を進めていこうという話になった、といえるのでしょう。

「教育再生実行会議」の第4次提言が謳う理念

内閣府の「教育再生実行会議」が13年10月末に出した第4次提言「高等学校教育と大学教育との接続・大学入学者選抜の在り方について」は、いま準備されている大学入試改革につながっていく最初の提言です。こんなことが書いてあります。

「知識偏重の1点刻みの大学入試や、本来の趣旨と異なり事実上学力不問の選抜になっている一部の推薦・ＡＯ入試により、大学での学びに必要な教養や知識等が身に付いているかどうかを確認する機能が十分発揮されておらず、（ｉ）大学入試に合格することが目的化し、高等学校段階で本来養うべき多面的・総合的な力の育成が軽視されている、（ii）大学入学者選抜で実際に評価している能力と本来大学が測りたいと考えている能力との間にギャップが生じ、学生にとっても大学入学後の学びにつながっていない」

この提言を叩き台として、大学入試をどう変えていくか中央教育審議会などで検討が重ねられましたが、基本路線は６年前と大きく変わっていません。

知識偏重の１点刻みの大学入試では学力を充分確認できない。大学入試に受かることが目的になってしまっている。多面的で総合的な力の育成が軽視されている——こうした指摘は、私もそのとおりだと思います。

ここで語られた「学力」「学びに必要な教養や知識等」「多面的・総合的な力」「能力」が、その後「思考力・判断力・表現力」に整理され、「考える力」こそを重視すべきだという理念にまとめられました。

しかし、小中高で教育のやり方を変えても、大学がこれまでどおりの入試を続けるのであれば、高2や高3はそれにむけた勉強をするに違いありません。だから、下のほうで変えたことが打ち消されてしまいます。

逆に、大学の受け入れのところを最初に変えれば、目を皿のようにして大学の動向をうかがう高校がやり方を変えます。すると、卒業生を高校に送り込む中学校が変わり、その中学校に送り込む小学校も変わり、玉突き的に全体が変わっていきます。高校と大学がくっついている部分が重要なので、「高大接続」と呼んでいます。

「考える力」を重視して、まず大学入試を変え、引き続いて教育改革を進めていく理念そのものは、すばらしいと私は思っています。

望みの学校に合格する「勉強力」を、「学力」と思い込んでいないか

しかし、学校の進路指導室や塾・予備校の情報、メディア報道などに接した保護者のみなさんや学校の教師はじめ教育関係者には、とまどいや不安が広がっているようです。

入試改革や教育改革について保護者に聞いたら、「何がどう変わるかよく知らない」と答えた人と「どうなるか不安だ」と答えた人が、それぞれ4人に3人ほどの割合でいた、というアンケート結果を見たことがあります。

「考える力」が大切なことはわかる。でも、具体的に何をどうすれば、考える力を育てていくことができるのかよくわからない。そんな保護者や学校教師が少なからずいるようなのです。

「予測不能な時代」といいますが、入試改革や教育改革の先には、グローバル化がますます進み、ＡＩ時代が本格化する世界が到来すると思われています。ＡＩが人間の仕事を奪うともいわれますが、ＡＩはコンピュータがあれこれ考えるわけです。

では、これから子どもたちにつけていく「考える力」は、コンピュータの考える力と、どう違うのか。いくら考える力をつけても人間がコンピュータに勝てない時代が来る、とでもいうのでしょうか。

どうもよくわからない、と保護者や教師たちが不安に思うのも無理はない、と私は思います。

教師になって35年の私にも正直、よくわからないところがありますし、偉そうなことはいえません。

ただし、現在の教育ではうまくいかないのではと考えた私は２０１１年秋、仲間たちと「21世紀型教育を創る会」を立ち上げて、研究や研修活動を重ねてきました。これはいま

「21世紀型教育機構」として十数校が加盟する活動に育っています。

そんな経験もふまえて、保護者や教師のみなさんにとことん寄りそいながら、これから必要とされる「学力」とは何かを一緒に考えていきたい、と私は願っています。

子どもたちに本当に必要な「学力」とは、入試改革や教育改革が掲げる「思考力・判断力・表現力」であり、一言でいえば「考える力」のはずです。

しかし、多くの保護者や教師たちは、受験戦争を勝ち抜いて望みの学校に合格するための「学力」こそが必要な能力だ、と依然として思い込んでいないでしょうか。

入試改革や教育改革は、これまでの知識偏重や1点刻みのテストで測るような学力ではダメだ、という改革のはずです。でも、保護者や教師たちが、必要な学力を勉強力と思い込んだまま新しい入試や新しい学習指導要領に対応しようとすれば、かえって混乱に拍車がかかって、競争が激化したり、学力格差が広がったりしかねません。

そもそも「学力」とは、どんな力なのか

学力とは「学ぶ力」だ、といえば、同義語反復と返されそうです。「学校で身につき、評価される知的な能力」といえば、では学校とは？　評価するとは？　人間一般の能力と

どう違う？　時代や社会が求める能力との関係は？――と突っ込みが噴出し、問いも答えもバラバラで収拾がつきそうにありません。「学力とは……である」と、みんなが一致して受け入れる定義など、存在しないのかもしれません。

いま保護者のみなさんや教師たちがとらえている「学力」は、じつは「勉強力」といい換えたほうがよい能力ではないか、と私は考えています。

日々の授業や宿題をこなす勉強力、期末テストに備える勉強力、希望する学校の入学試験や会社の就職試験をクリアするための勉強力、といったものです。

「勉強力」と「学力」の違いはここにあります。「勉強力」は、あくまでも設定されたゴールに向けて、「勉（つと）めて強（し）いる」ことをやり抜く力であると考えます。そういう面では、内容は何でもよく、ゴールに到達することが第一義となります。

「学力」は違います。人は生きていくうえで、つねに何かを学び、実践することを繰り返していきます。まさに、「生きることは学ぶこと。学ぶことは生きること」です。いままで知らなかったことを「学ぶ」力が学力です。「勉強力」より永続性があり、もっともっと大きな視点でとらえられるものです。

もちろん、「勉強力」で身につけたことが、「学力」につながることは、大いにありますのでその点は忘れてはいけません。

さて、学力の〝とらえ直し〟が必要です。大学入学共通テストや新しい学習指導要領が重視する「思考力・判断力・表現力」こそが、真に必要な学力に近いものだろう、と私は思っています。

これは、いい換えれば「考える力」です。人間の脳の能力であり、頭や心の中で働いている力です。

脳科学が非常な勢いで発展していますが、頭や心の中で何がどうなっているかは、必ずしもよくわかりません。頭や心は依然として一種の「ブラックボックス」です。

それでも、何一つ存在しない空っぽの頭のなかで、ある考えが芽生え、どんどん大きく育っていくなんてことはありえない、ということはわかります。

学校によって、生徒や保護者の受け止め方は大きく異なる

最初に新しい大学入試を受けるのは21年1月時点で高3、つまり19年4月に高2となった生徒たちです。その保護者のみなさんが、いま、どんなことを考えているか、声を拾いました。学校によって大学入試改革に対応する姿勢が大きく違い、生徒や保護者の反応は

さまざまです。

東京都内のいわゆる男子〝御三家〟の一つ、麻布高校の保護者は、「学内でそこその成績が取れていれば、入試制度や入試問題がどう変わってもまったく関係ない、と息子がいっています。私も同感で、何も心配していません」と話していました。

麻布高校は、麻布中学に入学した生徒がそのまま持ち上がる中高一貫校。中学入試で非常にレベルの高い、ユニークな問題を出すことで知られています。大学入試や学習指導要領でこれから重視していく「思考力・判断力・表現力」を、何十年も前から小学6年生に問いつづけている、という印象があります。

参考までに次ページで、同校の入試問題を紹介しておきますから、ぜひ挑戦してみてください。大人でも、とても一筋縄ではいかないはずです。

ある都内キリスト教系女子校に小学校から姉妹を通わせる保護者は、「進路指導の先生から話を聞いていますが、キリキリ勉強させる受験校ではなく、みんなわりとのんびりしています。娘二人の志望校は上智大学とエレベータ式に進学できる系列大学に分かれました。行けるところに行けばよいと思っています」といいます。

一般的な見方にしたがえは、右の2校は、全国トップ校と首都圏中位校というところで

1　99年後に誕生する予定のネコ型ロボット「ドラえもん」。

この「ドラえもん」がすぐれた技術で作られていても、生物として認められることはありません。

それはなぜですか。理由を答えなさい。

（2013年度 麻布中学校入試問題【理科】より抜粋）

2　ふだん、太一君は自宅から学校まで歩いて通っています。今週、太一君は自宅からある地点までは走り、残りは歩いて学校まで行くことにしました。月曜日は、自宅から99mだけ走ったところ、ふだんより1分早く学校に着きました。火曜日は、自宅から3分間だけ走ったところ、ふだんより8分早く学校に着きました。

太一君は毎日同じ時刻に出発し、走る速さと歩く速さはそれぞれ一定とします。このとき、以下の問いに答えなさい。

問

(1) 太一君の歩く速さは分速何mですか。

(2) 水曜日は、走った時間と歩いた時間が同じでした。木曜日は、自宅と学校のちょうど中間の地点まで走ったところ、水曜日よりも4分遅く学校に着きました。太一君の自宅から学校までの距離は何mですか。

(2017年度 麻布中学校入試問題【算数】より抜粋)

答え (1) 72m (2) 1386m

3 コーヒーを淹れる際に必要なコーヒー豆は、コーヒーノキにできるコーヒーチェリーという実から、皮を取り除き、その中心にある生豆を取り出したものです。生豆は緑色をしており、苦味も酸味もほとんどありません。

まず、この生豆を焙煎（ロースト）します。焙煎とは、コーヒー豆をフライパンや金網の上に乗せて加熱する作業のことです。

これにより、コーヒー豆の酸化（空気中の酸素と結びつく反応）がはやまります。焙煎の度合いに応じて、浅煎りの茶色、中煎りのこげ茶色、深煎りの黒色などのコーヒー豆になります。

コーヒーの味は苦味や酸味などが複雑にからみあっており、焙煎度合いに応じて大きく変化します。

苦味の原因の一つはカフェインという物質です。他の苦味成分の量は、焙煎が進み、コーヒー豆が酸化するにつれて増加していくといわれています。また、酸味の原因はコーヒー豆に含まれる糖類などの有機物が酸化されることによって生じる有機酸であるといわれています。有機酸は長時間の加熱にともなって、徐々に気体になったり分解したりする性質を持っています。そのため、深煎りコーヒー豆には有機酸は少量しか含まれていません。

問

焙煎の度合いに応じて、コーヒーの苦み、酸味はどのように変化すると考えられますか。

正しい組み合わせを、次のア～エから1つ選び、記号で答えなさい。

ア

焙煎度	苦味	酸味
浅煎り	弱い	少し強い
中煎り	少し強い	強い
深煎り	強い	弱い

イ

焙煎度	苦味	酸味
浅煎り	強い	弱い
中煎り	少し強い	少し強い
深煎り	弱い	強い

ウ

焙煎度	苦味	酸味
浅煎り	強い	少し強い
中煎り	少し強い	強い
深煎り	弱い	弱い

エ

焙煎度	苦味	酸味
浅煎り	弱い	弱い
中煎り	少し強い	少し強い
深煎り	強い	強い

（2019年度 麻布中学校入試問題【理科】より抜粋）

答え　ア

しょう。

「カトリック教育をベースとした21世紀型教育」を標榜し、私が学院長を務める香里ヌヴェール学院（大阪府寝屋川市）は、生徒も保護者も後者の女子校と同じような雰囲気といえそうです。

ところが、かなり様子の違う高校もたくさんあります。

一般的な見方では、トップ校に続く「二番手」校と見なされている高校がそうです。

こうした高校の保護者からは、次のような話を聞きました。どちらも東京都内です。

「息子は高3で、学校では進路説明会がしばしば開かれ、20年の入試改革についても繰り返し聞いています。先生たちは手分けして大学の説明会に出て、そこで得た入試情報を伝えてくれるし、資料も頻繁に配られる。センター試験の最後の受験生ですから、浪人したら新テストで不利になってしまう。親子とも尻に火がついた感じですよ」

「受験指導に熱心な学校です。いま高2の子どもは、友人たちとよく入試の話をしているようです。それでうかうかしていられないと思ったらしく模試を受ける、予備校に通うといい出しました。中学時代から早稲田に行きたいと希望していましたが、制度が新しくなって思っていたより難しくなる、と焦っているようです。本当にそうなんですか？」

こうした反応——つまり、従来の「勉強力」を前提として、入試改革や教育改革で競争が激しくなると考える保護者のほうが、どうやら多数派のようです。

地方活性化のため、地方にとどまる若者を増やす「地域大学振興法」

じつは、いま日本では、大都市圏を中心に、〝大学入試バブル〟とでもいうべき現象が起こっています。

2018年5月に成立した「地域大学振興法」をご記憶でしょうか。

少子化と地方の若者減少で地域活力が低下しているので、地域の大学振興・雇用機会創出をして、地域で若者の修学・就業者を増やし、地域活力の向上発展を図ることを目的とし（同法第2条）、東京23区の大学の定員増を原則10年間禁じるという法律です。

経済学者の竹中平蔵さんはこの法律を、「地方に活力がないことが原因で、若者が地方から出ていき（結果1）、東京の大学に若者が集まる（結果2）のに、最終的な結果を変えることによって、最初の原因を変えようとしている」「まったく本末転倒の考え方で、物事を解決する方法として根本的に間違っている」と酷評していました。

東京に出ようというからには、疲弊した地方に魅力を感じておらず、それなりに意欲がある若者でしょう。23区内の大学に入れなければ、神奈川・千葉・埼玉あたりの大学を狙うなり、浪人覚悟でもっと勉強するなり、いずれにせよ地方から出てしまう。すると効果はあまり期待できないのではないか、と私も思います。

しかし文部科学省は、法律の狙いを徹底するために、首都圏はじめ大都市圏で私立大学合格者の「水増し入学」を絞り込む政策を打ち出したのです。

入学者の定員に対する比率（定員充足率）は14年度に、東京・大阪・名古屋三大都市圏の私大が１０６・22％と約２万７５００人もオーバー。その他の地域の私大は95・87％という定員割れでした。

そこで文科省は水増し入学への規制をしだいに強めていき、入学定員８０００人以上の大規模大学で、18年度以降に定員充足率が１・１倍以上ならば私学助成金（私立大学等経常費補助金）を一円たりとも交付しないという荒療治を始めました。なお、定員４０００～８０００人未満は１・２倍以上、４０００人未満は１・３倍以上と、小規模な大学は規制を緩めてあります。

18年度の助成金は、早稲田大97億円、慶應大87億円、東海大65億円、立命館大63億円、日本大58億円（不祥事などで35％減額後）といった莫大な金額ですから、大学は否が応でも文科省の指示に従って、入学者（合格者）を絞らざるをえません。

数年前まで私立大学は、たとえば定員9000人のところ1万1000人を入学させ、「辞退者を見込んで多めに合格させたら、辞退者が予想外に少なかった。歩留まりを読み間違えてしまった」と言い訳していれば済みました。

しかも、授業コマ数も教員も教室も増やさず、クラスの人数だけを30人から37人というように増やせば、利益が増えます。ところが文科省が、この言い訳を聞かなくなりました。

国公立大学は、学生の納付金（入学金や授業料）以外に「運営費交付金」が政府や地方公共団体から下りるので、こうした水増し入学問題は起こりません。

とくに地方の国公立大学の一部は、水増しどころではなく、少子化や地方経済の低迷などで凋落傾向にあり、入学者を減らしつづけています。以前はすべりどめと思われていた地方の私大に学生を取られる大学も、少なくありません。文系は地元の役所に就職するという道があるのでまだしも、理系の志願者低迷は深刻なようです。

私大入学厳格化や入試改革では、二番手とされる高校が熱い

結局、いわゆる早慶上理、GMARCH、関関同立といった有名私立大は、軒並み合格

者数を減らしました。

16年度→18年度で一般入試合格者数を比べた河合塾のデータによると、立命館大３万１９８３人→２万４９９５人（２年で▲６９８８人）、法政大２万３１３９人→１万７５４８人（▲５５９１人）、早稲田大１万７９７６人→１万４５３２人（▲３４４４人）、青山学院大９５０４人→７３１３人（▲２１９１人）という激減です。

こうして私大の入試は、一気に難しくなったのです。

新宿・渋谷・六本木などの人気スポットに遠くない都内にキャンパスを構え、スポーツや芸能などでも名の知られた有名私大のブランド力は、相変わらずです。このところ景気がよく、人手不足から新卒採用が好調なことも、私大文系への志望者を増やし、私大入試の難しさに拍車をかけています。

学生が集まらず低迷し、「世の中の動きについていけない」と嘆いていた大学が、入学厳格化によって、「いやいや、うちにも結構いい学生が来るじゃないか」という話になっています。

では、この状況に、いちばん熱くなっているのは、どんな高校でしょうか。

それは、上位校や中堅校を狙う生徒が多い学校です。

大学受験でよく使われる大学群

早慶上理

早稲田大学
慶應義塾大学
上智大学
東京理科大学

GMARCH

学習院大学
明治大学
青山学院大学
立教大学
中央大学
法政大学

関関同立

関西大学
関西学院大学
同志社大学
立命館大学

つまり、さきほど触れた二番手とされる高校が、私大の入学厳格化や入試改革への対応を急いでいます。

詳しくは第３章でお話ししようと思いますが、こうした高校はだいたいが〝マイルドに管理しつつ背中を強く押す〟系の教育をしています。

「マイルドな管理とは何でしょうか」

むりやり詰め込み教育をするわけではありませんが、面談したりカウンセリングしたりあやしたりしながら、じつは生徒たちの背中を強く押し、発破をかけ続けるといった教育で、そういう学校が多いのです。だから、さきほどいくつか紹介したように、保護者コメントが学校によって大きく異なってくるわけです。

私大の入学厳格化と一連の改革が重なって、不安が拡大している

まとめると、いま大学入試をめぐって、次のような〝混乱〟が生じているといえます。塾や予備校のレポートなどだけでなく、新聞でも取り上げることもあるので、ご存じの方も少なくないと思いますが。

・私大の入学者絞り込みで、早慶合格を目指す上位層が、これまですべりどめと位置づけていたGMARCHに回ることを余儀なくされている。

・GMARCH合格を目指す層が苦戦して、少なからぬ数の学生が下位層に転落してしまっている。

・下位層の学生が進むとされている大学では、これまでならば入学したはずの者が、専門学校に流れる例が見られる。

・合格者数を絞り込んだ私大で、辞退者が予想以上に多く発生してしまい、欠員を避けるため大量の追加合格を出すはめとなっている。

新しい「大学入学共通テスト」や「学習指導要領」は本来、こうした私大の入学者絞り込みとは関係ない話のはずです。

ところが、たまたま時期が重なってしまったことで、入試改革や教育改革も私大の入学厳格化と同じように、希望の学校に進むことを難しくし、学力格差を広げてしまうのでは、と保護者や教師から不安視されているわけです。

トップ校の生徒はあまり影響を受けないのに、二番手校より下のところの影響が大きいので、「一連の改革で得するのは一部のエリートだけでは?」という声も出てきます。

しかも、次章で詳しく見るように「大学入学共通テスト」のほころびが目立ちはじめ、これまでのセンター試験とどう違うのか、という声もささやかれています。新しい「学習指導要領」にも、教育現場に導入する困難を懸念する声が高まっています。

目先の状況に惑わされず、「思考力・判断力・表現力」を育ててほしい

こうした、保護者のみなさんや学校の教師たちが感じている懸念は、「学力」についてのこれまでの考え方——望みの大学に進むための「勉強力」こそが重要だという思い込み

が抜けないことから生じているのではないか、と私は感じています。

そうではなくて、求められる真の学力は以前と大きく変わり、勉強力を前提とした学力格差・学校格差・学歴格差などがものをいった時代が終わろうとしています。これまでの学び方や教え方が、もう通用しなくなる時代がくるのです。

だからこそ、これまでの勉強力で測った私大の入学厳格化、中間層の下位層への転落といった状況に惑わされることなく、これからますます必要となる「考える力」や「思考力・判断力・表現力」を育てることを、保護者のみなさんや学校の教師たちに真剣に考えてほしいのです。

そんな真に必要な「学力」を、本書でみなさんとともに考え、家庭での教育や学校教育で必要なこと、子どもたちがやるべきことを示して、みなさんの感じている不安をいささかでも解消したい、と私は考えています。

第1章　２０２０年大学入試改革にはじまる「教育改革」の〝落とし穴〟

——高く掲げる理想はよいが、現場が対応できない

首都圏模試センターが考案した「思考コード」とは

首都圏で中学受験向けの模擬試験を運営している「首都圏模試センター」は、「ブルーム・タキソノミーの（改訂版）」というもの（後述します）を参考に3×3の表を考案して「思考コード」と名付け、中学入試問題の分析・分類や問題作成に使っています。どの科目のどんなテーマにも使えると支持する人が多く、教師が指導計画を立てるときも、生徒が学習到達度を確認するときも、よい参考になります。

3×3＝9マスには、ABCと123を組み合わせた記号がついています。

縦の列は、左から右へA「知識・理解思考」→B「論理的思考」→C「創造的思考」という順に、思考の領域（段階）が高度化していきます。

横の行は、下から上へ1「単純」→2「複雑」→3「変容」という順に、思考のレベルが上がっていきます。いちばん左側には、1～3のレベルが算数・数学（数）ではどんな操作にあたるか、国語・英語（言語）ではどんな理解にあたるか、が示されています。

ただし、A軸でA1→A2→A3と上がっていくのは、知識・理解という領域Aにとどまったままです。歴史でいえば「鎌倉時代のある出来事を知っている」→「同時代の出来

首都圏模試センターの「思考コード」

変換操作	全体関係	変容3	A3	B3	C3
複雑操作	カテゴライズ	複雑2	A2	B2	C2
手順操作	単純関係	単純1	A1	B1	C1
（数）	（言語）		A 知識・理解思考	B 論理的思考	C 創造的思考
			知識・理解	応用・論理	批判・創造

事をいくつも知っている」→「それらの出来事を年号も含めてよく知っている」というように、ある知識や理解そのものは、より細かく深まっていきます。

B軸は、「鎌倉時代の出来事の起こった背景」や「平安時代との比較」「その出来事がどのような影響を及ぼしたのか」といった論理的な思考を問う軸となります。

この問いは正解はあるものの複雑になっていたり、また文章で決められた字数で過不足なく表現することが求められると、かなり難しいものになってきます。

C軸の思考を問うには、たとえば「もしあなただったら～」という表現をすべて冒頭につけています。これは、まさに正解のない問題で、最適解を表現するというクリエイティブな思考が求められる問題となります（48ページを参照）。

そこで、思考コードを使えば、「○○校はC3問題を出すことがある」、「△△校はA1・A2問題が中心で、B1・B2問題はたまにしか出さない」といった分析ができます。

なぜ「思考コード」は"画期的"な教育ツールなのか

思考コードは問題分析用に考案されましたが、低レベルから高レベルへ、単純から複雑へという思考・学習分類（段階）を踏まえていますから、教育する側にとっては、いま自分たちは何を教えているのか、この先、子どもに考える力をつけさせるためにはどうすればよいのかを、如実に示してくれます。

たとえば、いちばんやさしいA1の知識を教えて子どもがわかったら、次にどうするか。もう少し知識を蓄えるためにA1→A2まで進むのはよいとして、いつまでもA軸にとどまるのはやめて、次はB1を教えよう、と教師が考える手がかりとなります。

私は、学院長を務めるのとは別の学校（聖ドミニコ学園）で、「カリキュラム・マネージャー」という仕事もしていますが、思考コードは各教科のカリキュラムを立てていくうえで非常に参考になります。各教科の教師が出してきた授業計画を見て、「この単元は、Ｂ３まで踏み込んでいるようだけど、それは、やめてＣ１の要素を入れていったほうがいいんじゃないかな」などと打ち合わせを重ねていくわけです。

思考コードは、新しい教育を目指して旧来の授業を変え、質の向上を図ろうとする学校にとって、〝画期的〟というべき、きわめて有力なツールになっています。

そもそも生徒たちも、Ａ１→Ａ２→Ａ３と行を上方向に進んで、たとえば暗記する量を増やしていくより、Ａ→Ｂ→Ｃと列を変えて進むほうが、いろいろな力がついて興味がわくでしょう。あるいは、Ｃの問いに出合って、歴史は暗記だけではないと考えて、「もしあなただったら～」なんて考えたりすれば面白そうとなって、ＡやＢの軸にも踏み込んでいくようになるかもしれませんね。

「あの人の考え方は、いつもＡ軸にとどまっている」「うちのリーダーは、新方針を次々に打ち出すＣ軸の人だ」といったいい方もできます。高度成長時代はＡ軸人間でも通用したが、これからの時代に必要なのはＣ軸人間だ、と私は考えています。

「はじめに」でも触れた、フランシスコ・ザビエルに関する問題を思考コードにあてはめるとどうなるかという「ザビエル問題」を掲げておきます。Ａ→Ｂ→Ｃという軸（列）と

「思考コード」にあてはめたフランシスコ・ザビエルに関する問題

変容 3	A3 ザビエルがしたこととして正しい選択肢をすべて選び、年代の古い順に並べなさい。	B3 キリスト教の日本伝来は、当時の日本にどのような影響を及ぼしたのか、200字以内で説明しなさい。	C3 もしあなたが、ザビエルのように知らない土地に行って、その土地の人々に何かを広めようとする場合、どのようなことをしますか。600字以内で答えなさい。
複雑 2	A2 ザビエルがしたこととして正しい選択肢をすべて選びなさい。	B2 キリスト教を容認した大名を一人あげ、この大名が行ったこと、その目的を100字以内で説明しなさい。	C2 もしあなたが、ザビエルだとしたら、布教のために何をしますか。具体的な根拠とともに400字以内で説明しなさい。
単純 1	A1 (ザビエルの肖像画を見て)この人物の名前を答えなさい。	B1 ザビエルが日本に来た目的は何ですか？50字以内で書きなさい。	C1 もしあなたが、ザビエルの布教活動をサポートするとしたら、ザビエルに対してどのようなサポートをしますか。200字以内で説明しなさい。
	A **知識・理解思考** 知識・理解	**B** **論理的思考** 応用・論理	**C** **創造的思考** 批判・創造

首都圏模試センターの資料をもとに作成

1→2→3というレベル（行または段）によって問題が（つまりは、考えて答える力が）どう変わっていくか、ぜひじっくり読んで理解してください。

思考コードの理論の元となる「ブルーム・タキソノミー」とは

ここで、知識や思考力といった学力を整理・分類する手法として名高い「ブルーム・タキソノミー」を紹介しておきます。思考コードは、これをもとに考案されました。ブルームは1956年に『教育目標の分類学』という本を書いたアメリカの教育学者の名前で、タキソノミーは「分類学」の意味です。

ブルームの教育目標は、①知識、②理解、③応用、④分析、⑤総合、⑥評価という順で低レベルから高レベルに、単純から複雑になっていきます。

簡単にいえば、物事はこの順序で教えるべきであり、学習の到達度も①～⑥のどこまでできるかを見ればよい、ということです。この考え方は世界の教育界に普及し、カリキュラムやテストづくりに使われています。

ただし、その後の研究で、ブルームの分類は現実の子どもを観察した結果と合わない、実際の学習はもっと複雑な要素が絡みあっているといった意見が出され、改訂版やバリエ

ブルーム・タキソノミーの教育目標

⑥評価＝素材や方法の価値を目的に照らして判断する

⑤総合＝様々な概念を組み合わせて新たなものを形作る

④分析＝情報や概念を各部分に分解し、相互の関係を明らかにする

③応用＝情報や概念を特定の具体的な状況で使う

②理解＝伝えられたことがわかり、素材や観念を利用できる

①知識＝情報や概念を想起する

＊改訂版では、①の知識を記憶、⑤の総合を評価、⑥の評価を創造に改めたものが、よく知られている。

ーションが提唱されました。

ブルームの弟子筋の学者たちがつくった改訂版の一つは、修正した教育目標①〜⑥を「認知プロセスの次元」として横軸に、四つのレベルに分けた知識を「知識次元」として縦軸におき、４×６＝24マスある表（タキソノミー・テーブル）で教育目標を分類します。

ブルーム・タキソノミー、思考コードと新学習指導要領

小学校では20年度から「学習指導要領」が変わりはじめます。ブルーム・タキソノミー、とくに思考コードと新しい「学習指導要領」は、どのようにつながっているのかを考えてみます。

学習指導要領は、いわゆるカリキュラム（＝教育課程。学校教育の教科・教材・学習経験などをある範囲と順序で編成したもの）の基準となるもの。文部科学省がつくって、おおむね10年ごとに改訂します。これに基づいて授業時間や内容が決まり、検定教科書も編集されます。とくに公立学校では〝拘束力〟のあるものと受け取られています。

新しい指導要領は、小学校が20年度から、中学校が21年度から、高等学校が22年度からスタートします。高校では、いま（19年春時点）中１の生徒が入学するときから教科書が

変わり、授業内容も変わり、彼らが大学受験するときの試験も変わります。

ですから、２０２０年度（21年1月）から大学入試が変わるのは、あくまで〝初めの一歩〟。入試問題も試行を繰り返し、ある傾向の問題がだんだん増えていきますし、指導要領も３年以上かけて変わります。

実際に大きく変わるのは24年度（25年1月）からですので、あまり慌てずに、しかし本質的には何が必要なのかを考えながら、向き合っていく必要があります。

新しい学習指導要領は、カリキュラム全体や各教科の学習を通じて次の三つの「資質・能力」を育成する、としています。三つを総合的にバランスよく育んで、子どもたち一人ひとりに「生きる力」をつけていくことが狙いです。

【新しい学習指導要領の３本柱】

①実際の社会や社会の中で生きて働く「知識及び技能」
②未知の状況にも対応できる「思考力、判断力、表現力等」
③学んだことを人生や社会に生かそうとする「学びに向かう力、人間性等」

文科省が何をどう変えるつもりなのかを知るには、古い（現行の）学習指導要領と比べればよいでしょう。これまでは、次の三つの「学力の３要素」によって「生きる力」を養う、といっていました。

【古い（現行の）学習指導要領の３本柱】
（１）基礎的な「知識及び技能」
（２）知識及び技能を活用し、「自ら考え、判断し、表現する力」
（３）「学習に取り組む意欲」

社会や人生に活用できる資質・能力をはぐくむ

①（１）「知識及び技能」は、言葉や漢字、歴史や地理などを知っていること（知識）と、計算や英語の読み書きなどができること（技能）。これは思考コードのA軸に当たります。A軸だけでは〝知識偏重〟や〝詰め込み教育〟そのものですから、知識や技能を活用していく②（２）「考える力」が必要です。これはB軸に当たります。

「未知の状況にも対応できる」という文言が新しく追加されていますが、ここがいちばん重要なところです、詳しくは後述します。

小中高の指導要領の改訂は、大学入試改革と同じ方向をむいています。

子どもたちが直面するのは、少子高齢化が加速させる人口減少社会で、ＩＴＣ化やグローバル化の先にＡＩが本格化する社会。何が起こるかはよくわからないが、子どもたちは思考力・判断力・表現力などをフルに活用し対応していきましょう、ということです。

③（３）は、新旧でもっとも表現が異なっています。学習に対する一人ひとりの前向きな気持ちをいう現行の「学習意欲」に対して、当初は「主体性・多様性・協働性」という言葉が提案され、議論されました。

自分をしっかり持ち、しかし一人ひとりは異なるのだから個性や多様性を認めて、ほかの子たちとも協調しながら何かをつくり上げていこう、ということですね。

これが最終的に「学びに向かう力、人間力など」という抽象的な表現に落ち着いてしまいました。「主体性・多様性・協働性」のほうがより具体的で、未来社会に必要な言葉と思っていましたので、少々残念な気がします。

ともすると、「学びに向かう力」は学習意欲と変わらないように思えます。学習意欲自体は決して悪いことではありませんが、意欲がどんな背景から生まれて、どんな方向にむかっていくのかが、もっとも大事なことだと思います。そのあたりが何となくぼやけた表現になってしまいました。「人間性等」は逆に抽象的すぎ、何でもありと受け取れます。100人いたら100通りの解釈ができる言葉です。未来社会で求められる「人間性」とは、はたして何でしょうか。

ブルーム・タキソノミーをベースに考えれば、③は思考コードのC軸を表現してほしいと、私は思っていました。それがとても抽象的な表現に落ち着いてしまい、クリティカル、クリエイティブな思考力を求めるというニュアンスがぼけてしまっていることは否めません。

③に掲げられた幅広い資質や能力は、大学がAO入試や推薦入試で判断したり、「アドミッション・ポリシー」（受け入れ方針）を掲げて「ポートフォリオ」（志望理由・学習履歴・スキル・研究発表などをまとめた文書）を提出させたりすることになります。

この考え方は決して悪いことではないと思うのですが、「ゆとり教育」のときの総合学習のように、現場からすると具体的にどのように動いたらいいのかがわからず、混乱するのではないかと危惧しております。

「思考力・判断力・表現力」のとらえかた

「思考力・判断力・表現力」という三つの力をどのようにとらえるかが、けっこう大きなポイントです。多くの学校の先生に話を聞くと、以前からこの三つの力は教育しているといいます。

しかし、付け加えられた「未知の状況に対応できる」という点ではどうでしょうか

思考コードのとらえ方に基づいて、新旧の考え方の違いを説明してみましょう。

A軸、「知識・技能」をベースにした「思考力・判断力・表現力」なのか、C軸、「創造的思考」、「もしあなただったら」を考えて表現するための「思考力・判断力・表現力」なのか、という違いです。

A軸の「知識」はあくまでも「既知」のものを取り扱っています。それが起きた背景やそのことによる影響はあくまでも「既知」のものを整理したものであり、そこで終わってしまうとテストがゴールといったことになりかねません。

一方、C軸の「もしあなただったら～」は、まさに「未知の状況に対応できる」ことを狙いとした問いです。学校を卒業して世の中に出ても役に立つのではないでしょうか。

第1回「大学入学共通テスト」は21年1月16／17日

次に、高校３年生が現行の「大学入試センター試験」（廃止されます）に代わって受ける「大学入学共通テスト」について、お話ししましょう。

すでに実施日も決まっており、第1回は２０２１（令和３）年1月16／17日です。

国語・地理歴史・公民・数学・理科・外国語の「６教科」から「30科目」が出題されます。たとえば国語は国語1科目だけ。地理歴史は世界史Ａ・世界史Ｂ・日本史Ａ・日本史Ｂ・地理Ａ・地理Ｂの６科目から最大２科目を選択（同じ名称の科目二つは選べない）という具合です。

教科・科目や科目の選択方法は、現行のセンター試験と同じですが、問題の中身が「思考力・判断力・表現力」を問うものに変わります。当初は国語と数学の一部で、これまでのマークシート式に加えて記述式問題を出題するとされていました。

英語は現行の筆記２００点とリスニング50点が、リーディングとリスニングに変わって配点が均等になります。リスニングの力が今まで以上に必要とされるのが大きな変化です。これは、今まで筆記：リスニング＝４：１だったものが、１：１に変わるという変更点で

2021年度大学入学共通テスト出題教科・科目

<table>
<tr><th colspan="2">教科</th><th>出題科目</th><th>科目選択の方法</th><th>解答方法</th><th>試験時間（配点）</th></tr>
<tr><td colspan="2">国語</td><td>「国語」</td><td></td><td>マーク式及び記述式</td><td>100分（マーク式200点、記述式は段階表示）</td></tr>
<tr><td colspan="2">地理歴史</td><td>「世界史A」「世界史B」
「日本史A」「日本史B」
「地理A」「地理B」</td><td rowspan="2">最大2科目選択
（ただし、同一名称を含む科目の組み合わせで2科目を選択することはできない）</td><td rowspan="2">マーク式</td><td rowspan="2">1科目につき60分（100点）</td></tr>
<tr><td colspan="2">公民</td><td>「現代社会」「倫理」
「政治・経済」
「倫理、政治・経済」</td></tr>
<tr><td rowspan="2">数学</td><td>①</td><td>「数学Ⅰ」
「数学Ⅰ・数学A」</td><td>1科目選択</td><td>マーク式及び記述式*</td><td>70分（100点）</td></tr>
<tr><td>②</td><td>「数学Ⅱ」
「数学Ⅱ・数学B」
「簿記・会計」
「情報関係基礎」</td><td>1科目選択</td><td>マーク式</td><td>60分（100点）</td></tr>
<tr><td rowspan="2">理科</td><td>①</td><td>「物理基礎」「化学基礎」
「生物基礎」「地学基礎」</td><td rowspan="2">下記のいずれかの選択方法により科目選択

A 理科①から2科目
B 理科②から1科目
C 理科①から2科目及び、理科②から1科目
D 理科②から2科目</td><td rowspan="2">マーク式</td><td>理科①2科目60分（100点）</td></tr>
<tr><td>②</td><td>「物理」「化学」「生物」
「地学」</td><td>理科②1科目につき60分（100点）</td></tr>
<tr><td colspan="2">外国語</td><td>「英語」「ドイツ語」
「フランス語」「中国語」
「韓国語」</td><td>1科目選択</td><td>マーク式</td><td>英語
リーディング80分（100点）
リスニング60分（100点）
その他
80分（200点）</td></tr>
</table>

大学入試センター資料より作成

＊「数学Ⅰ・A」で出題される予定の記述式問題については、まだ定まった方針がでていない。（2019年8月16日現在）

す。加えて大学入試センターが認めた民間検定試験を活用することになっています（23年度までは共通テストのマークシート式と併存させ、24年度からは民間検定試験に全面移行予定）。

ですから英語全体で、入試のやり方が大きく変わります。

中高で６年間も英語を学びつづけても、英語で話しかけられると何をいっているかわからず、しゃべりたくても簡単な英語すら口から出てこないのが日本人。

これは読み書き中心だったのがよくなかったということで、英語では「読む・書く・聞く・話す」（リーディング・ライティング・リスニング・スピーキング）の４技能の力をバランスよく測っていくわけです。

ほころびが見え隠れしはじめた共通テスト

こうした共通テストの方向性に私は大賛成で、この方向をどんどん進めてほしいと思っています。しかし、じつは早くも〝ほころび〟のようなものが見えはじめて、心配しているところです。

というのは、第1に、民間検定試験の活用が腰砕けになってきました。

民間検定試験は、10ほどある試験のどれをどう使うか、各大学にまかされており、出願資格の一つとする大学もあれば、適当な重みづけをして入学試験の点数に組み入れる大学もあります。

そんななか東大が一時「民間検定試験は使わない」といい出し、その後「活用の方向で検討」とするなど二転三転。結局、東大や京大などは民間検定試験の成績を必須とせず、高校の成績証明書で足りるとしました。使わないとする国公立大学も3校あります。

検定料が高く負担が大きすぎる、試験を受けにくい地方があって不公平だ、といった問題が以前から指摘されており、ちょっと失速しはじめたようにも見えます。

また、国際ビジネスコミュニケーション協会が運営する「TOEIC」（トーイック）は民間検定試験への参加を辞退しました。運営システムが複雑すぎ、準備期間も足りないことを理由にしています。

英語を母語としない者を対象とする国際コミュニケーション英語能力テストとして有名で、世界中で実施され、信頼性も高いテストですから、相次ぐ離脱の引き金にならないか懸念されています。

この結果、記述式は国語だけとなりました。書かせる分量も80～120字と長くありません。記述式は全体の数％以下というように、ごく一部にとどまると思われます。

従来の大学入試センター試験とどこがどう違うのか、わかりにくくなってきていることは、たしかでしょう。

国公立は一次試験として使うが、私大の位置づけは千差万別

「大学入学共通テスト」は、50万人規模が受験すると見られていますが、大学に進む全高校生が必ず受けなければならないテスト、ではありません。

位置づけを発表していない私立大学が少なくないので、実際には各大学のサイトなどで確認が必要ですが、19年夏の時点でたしかなのは、次のようなことです。

・国公立大学は、「一般選抜」で大学入学共通テストを一次試験としておこない、大学独自の試験を二次試験としておこなう。
・国公立大学の「学校推薦型選抜」や「総合型選抜」（現在の推薦入試やＡＯ入試）は大学入学共通テストを必要とするケースが増える見込み。現在の推薦入試やＡＯ入試はセンター試験を不要とするものが多く、「勉強以外の方法による入試」というイメージが強

いが、これは改めていく。
・私立大学は、①大学独自の試験だけ、②大学入学共通テストだけ、③大学独自の試験と大学入学共通テストを併用、の３パターンがある。たとえば慶應大や国際基督教大（ICU）は①、早稲田大政治経済学部は③。同じ大学でも、学部や一般・推薦など入試タイプによって①～③が異なることがあるので注意が必要。

余談ですが、共通テストの導入を検討する議論では、「高2～高3で基礎テストを実施して学力評価に使う」という構想がありました。センター試験の代わりに全米統一テストのようなものを2～3回やり、大学はその結果を見ながらゆっくり時間をかけて選抜するアメリカ式を、マネしようとしたのです。これは、あまり現実的ではない人たちの思いつきにすぎず、到底無理ということで立ち消えになったとされています。

事情に詳しい人に聞くと、審議会や委員会に教育専門家たちを入れると、現行方式を変えるのが難しい理由ばかりいうものだから、文科省は教育サイドの人をなるべく入れずに構想を具体化しようとしました。すると思いつきだけは、たくさん出てきました。

なにしろマークシート方式の「現行センター試験」イコール「○×テスト」だから知識だけを見るよくないテストだ、選択肢から一つ選ばせる問題は鉛筆を転がしてもある程度当たるからダメだ、などと思い込んでいる人が多かったそうです。

専門家は、知識だけではダメで、考えなければ正解にたどりつけない選択肢問題を、出題者たちが工夫してつくっていることを知っています。選択肢四つの問題を鉛筆転がしで解けば１００点満点で25点前後しか取れないが、実際の試験の平均点はそれよりはるかに高いから、テストとして充分役に立つこともわかっています。

センター試験は、共通一次時代からかなり研究がされており、教育現場からすれば良質の問題を作問してきたと思います。科目によって平均点のぶれがないとはいいませんが、だいたい正規分布するような問題が出されてきたと感じます。

思考コードでいえば、A軸と簡単なB軸を出題しており、基礎学力を測るには、かなり精度が高いものであると思います。

「思考力・判断力・表現力」を問う問題が増える

大学入学共通テストで出される問題の傾向を見ていきましょう。

キーワードは「思考力・判断力・表現力」です。テストではこれが問われ、評価の中心になります。新しく出される記述式問題も同様です。

大学入試センターサイト（https://www.dnc.ac.jp）では、17年度と18年度に実施した「試行テスト」（大学入学共通テスト導入に向けた試行調査）の問題・正解・有識者のコメントなどを公開していますから、ぜひご覧になってください。

目につくのは、情報を活用して答えさせる問題が多いことです。図表などが示すデータを読み解く、電子メールを読ませたうえで考えさせる、Aさんの主張とBさんの主張を読み比べてどう考えるかを問う、といった問題です。これらは最近のセンター試験でも増えていたもので、同じ傾向が強まると思ってよいでしょう。

試行テストに対しては、「問題文が長く、受験生は読むのがたいへんではないか」という指摘があります。得点が低かった問題では、考える力の有無以前に、生徒たちが「そもそも問題を読めていない」こともわかりました。

高校や予備校でから「問題が難しすぎる」といった意見が出ています。

これから評価の対象として重視しようとしているのだから妥当な問題だ、という意見もあります。私の見方もそうで、奇をてらった目新しい問題ではなく、「考えて表現するとは、こういうことだ」という世間の常識に沿った問題が多いと見ています。

生徒たちの「読解力」が低下していることは間違いありませんから、これについては第2章で改めて論じることにします。

記述式問題の全体に占める割合がごく小さいので、「思考力・判断力・表現力」を問うことにならないのでは、という疑問は当然あるでしょう。しかしながら、一部でも記述式を入れることで「思考力・判断力・表現力」を問う形式にしたエクスキューズという感じもします。採点を誰がどのような基準でするのか、あるいは受験生はどのように自己採点するのか、という不安の声も聞こえてきます。

というのは、現行のマークシート式センター試験でも思考力を問う問題がかなり出題されています。国公立大学の個別の二次試験は記述式がメインで、後期日程では総合問題・小論文・面接を課すところが多いのです。知識偏重が顕著なのは私立大学の入試で、それに対応して高校の授業や定期試験までも知識偏重に傾いている現実があります。

しかし、私立大学は、どんな入試問題を出そうが本来は自由です。だから国や文科省は、大学入学共通テストに記述式を盛り込むことによって、私立大学の意識変革を促していると考えられます。

試行テストで「考える力」を問う問題

久しぶりに小学校に行くと、階段の一段、一段の高さが低く感じられることがある。これは、小学校と高等学校とでは階段の基準が異なるからである。学校の階段の基準は、下のように建築基準法によって定められている。

高等学校の階段では、蹴上げが18cm以下、踏面が26cm以上となっており、この基準では、傾斜は最大で約35°である。

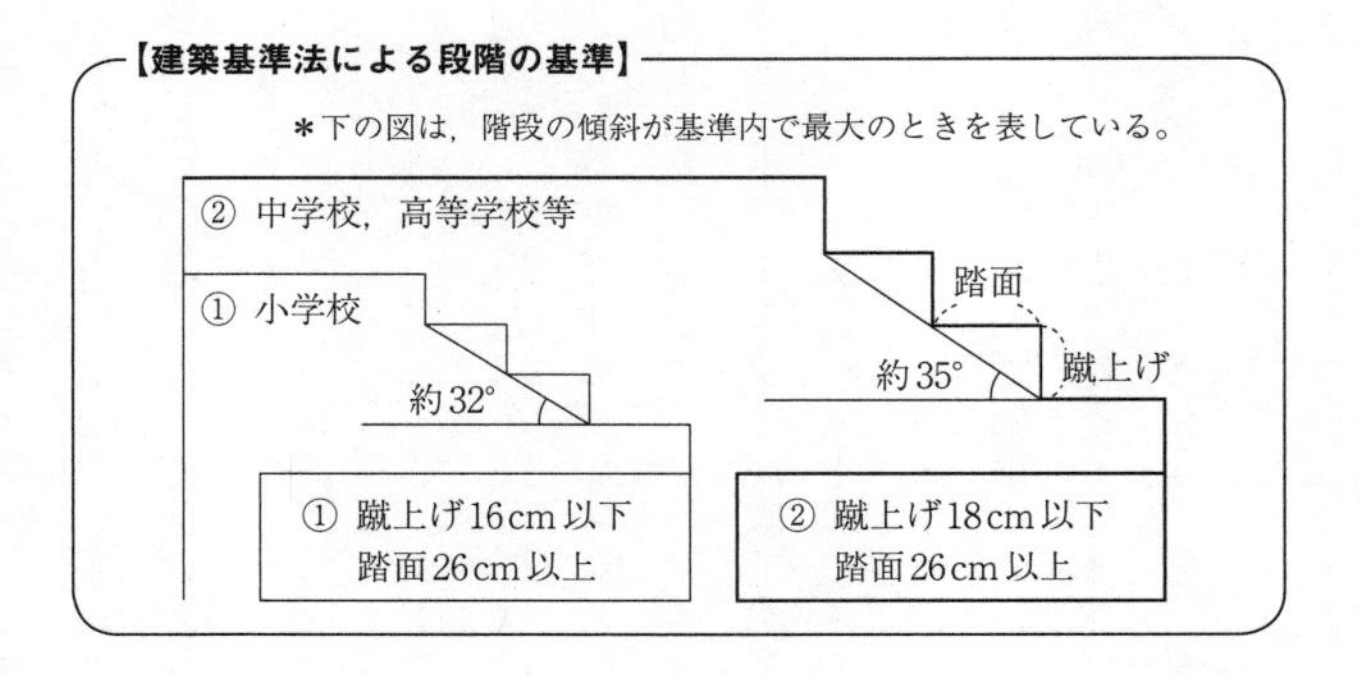

階段の傾斜をちょうど33°とするとき、蹴上げを18cm以下にするためには、踏面をどのような範囲に設定すればよいか。踏面をxcmとして、xのとり得る値の範囲を求めるための不等式を、33°の三角比とxを用いて表せ。

ただし、踏面と蹴上げの長さはそれぞれ一定であるとし、また、踏面は水平であり、蹴上げは踏面に対して垂直であるとする。

＊2018年11月に実施された試行調査をもとに作成。数学Ⅰ・数学Aでは建築基準法に示された階段の基準を題材にした問題なども出題された。

教科書の本文以外に書かれた細かい知識をテストする

歴史に強いと定評の山川出版社という出版社があります。「歴史の山川」をキャッチフレーズに、日本史や世界史の教科書、史料集、用語集、事典などを出していて、受験生にはおなじみです。

以前はよく指摘されたことですが、歴史分野では、次から次へと新しい用語が登場して、知識の量がどんどん増えていきました。すると、ほかの出版社の教科書に載っているが山川には載っていないとか、山川の用語集に出ていない項目がどこそこの大学入試で出題されたとかいうことが、しばしば話題に上っていました。

私の専門は社会科ですが、歴史でも地理でも公民でも、教科書の本文というのは、精選されたとてもいいことが、うまくまとめて書いてあります。同時に、本文ではない欄外に小さな文字で、脚注や写真キャプションのようなさまざまな事柄も、たくさん書いてあるのです。

そして、困ったことに、私立大学の文系が典型なのですが、テストで点数の差をつけるには、欄外の小さな文字のところまで読んでちゃんと覚えているかどうか問えばよい、という発想が出てきてしまうのです。となると高校の教師もそれに合わせて教えていかなければいけないといった発想になりがちです。残念ながら「思考力・判断力・表現力」を日本史を通じて身につけるのは、なかなか難しいのが現実です。

ある小説家がある国や時代のかかえる矛盾や混乱を背景に長編小説を書く。それは多くの人びとの心を動かし、思想や文化にも影響を与え、革命の機運を高めていった。——というような歴史の一幕があるとします。

そんな歴史の場面場面を手がかりにしながら、歴史上の出来事や大事件を知り、歴史の大きな流れをとらえていくことは、とても大切です。その流れや因果関係は、教科書本文に、わかりやすく書いてあります。

流れや因果関係をもとに記述の問題をぜひとも出題してほしい、と教育現場としては思うのですが、採点の手間などを考えると私立大学では物理的に難しく、知識を問う問題になりがちです（ただ、さすがにかつてに比べれば、重箱の隅をつつくような難問、奇問はなくなりましたが）。

それで「入試の日本史や世界史は、ようするに暗記である」という話になってしまい、受験生は用語集を一生懸命に覚えます。

文科省は「個別学力検査及び大学入試センター試験において課す教科・科目の変更等が入学志願者の準備に大きな影響を及ぼす場合には、２年程度前には予告・公表する」（令和２年度大学入学者選抜実施要項）としています。

ですから、本来であれば私立大学は19年春ころまでに、21年１～３月の入試をどうするか――独自試験か、大学入学共通テストか、以上の両方かについて、予告・公表しなければならないはずです。でも、多くの大学が、そうしていません。

どの大学も他大学の様子見の状況です。入試を時代に合わせて積極的に変えていくのは、受験生確保という点では得策ではない、といった感じで動いているように見えます。

早稲田大学政治経済学部の入試問題は、画期的に変わる

一つだけ光明となりそうだ、と私が大いに期待しているのは、早稲田大の政治経済学部の動きです。

早稲田の政経は、昔から独自の３教科試験で、国語・英語にプラス１科目を社会や数学から選ぶことになっていました。早稲田政経の社会は長年、もっとも細かく、あまり重要な意味があるとは思えないところまで出題される入試問題として有名だったのです。

それが21年1月の入試では、①大学入学共通テスト（100点満点）と②英語外部検定試験と学部独自試験（合計100点満点）の併用となります（全部で200点満点）。

①は外国語（英独仏）、国語、数学Ⅰ・数学A、選択（社会・数学・理科のうちから一つ）の4科目で各25点換算。②のうち外部検定試験は大学入試センターが認めたものならばどれでもよく、配点は15点。②のうち学部独自試験は1科目のみ90分で85点。日本語と英語の長文を読み解いたうえで解答させ、記述式の解答を含む、というのです。

まさに「思考力・判断力・表現力」を真正面からストレートに問う試験で、おそらく、かなり難しいものになるでしょう。

社会科教科書の知識は、大学入学共通テストが求めるレベルで充分で、しかも社会を選ばず数学や理科でもよいというのは、大英断といえます。

ノーベル経済学賞をもらう学者たちの論文の中身はほとんど数学だ、経済学部の入試で数学の能力を問わないのは日本だけ、日本人がノーベル経済学賞を取る日は永遠にこないなどといわれてきましたが、数学を必須にしたことも英断です。

450人だった一般入試の募集人数を300人に絞るともいっていますから、一般入試での入学は一段と難しくなりそうです。東大に受かったが早稲田政経はダメだった、という受験生が増えるかもしれません。

早稲田大の政経以外の各学部は、国語・英語・社会（または数学や理科を選択）という入試を続けるところが多く、政経に追随して大きく変える動きはないようです。私としては期待外れで、ちょっと残念に思っています。

どうするか未発表のところが多く、早稲田も政経以外は大きく変わらないとなると、21年には旧態依然の入試をやる私立大学が多いのかもしれません。

すると、大学入学共通テストにごく一部ながら記述式を盛り込み、「もっと思考力を求めよ」と私立大学に求めた国や文科省のメッセージは、空振りに終わってしまいます。

英語の民間検定試験にチラつく失速と合わせて、大学入試改革のほころびが拡大してしまわないか、懸念されるところです。

大学受験は人生のゴールではない

「社会の中で生きて働く」「未知の状況」といった言葉を盛んに使う新しい学習指導要領は、実生活や実社会と乖離（かいり）しがちな学問や学習を、もっと現実に役立つものにしようと狙っています。

文科省は、教師たちが「どうしよう」「どこまでやればいいのか」と考えたり悩んだりしている問題に、これまで以上に大きく踏み込んで応えようとしている、といってよいでしょう。

これは決して間違っておらず、正しい方向性だ、と私は考えています。

ただし、新しい学習指導要領が高く掲げる理想はよいのですが、教育の現場がうまく対応できるだろうかという疑問が、正直いってぬぐえません。

高校の現場の教師たちは、「大学入試とそこで問われる知識」に対応しなければいけない、という思いでやってきました。大学が入試に出す知識を見定めて、年間の教える内容の計画をたてて、それを教え、定期テストに向けて学習させるというやり方です。

大半の教師は、自分が大学を受験するとき、入試に出る知識を一生懸命勉強しました。さまざまな体験をするなかでその勉強もしたというより、大学受験を突破するための勉強で獲得した知識が大いに役立って、希望する大学や学部に入ることができ、教師になっているのです。

大学で学んだ後に、いわゆる社会人経験をしている場合であれば、それまで獲得した知識を社会生活で活用する経験をするのだと思います。あるいは、社会で生きていくうえでどんな知識や体験が必要なのかも、身をもってわかるのではないでしょうか。

しかし、大学を出て直接教師になった場合は、どうしても学習のゴールが大学受験であるという考えにとらわれがちです。

大半の教師は、生徒たちが自分の希望の進路先に進むことを願っています。それ自体は決して悪いことではないと思います。

しかし、ある意味、大学進学は社会に出ていく最初の一歩でしかありません。社会に出る前の準備期間でしかなく、その後の人生のほうがはるかに長いのです。

この長期的視点が今後の教育現場には求められると思います。

現場の教師たちは、うまく対応できるのか

数年前、リクルートマーケティングパートナーズ代表取締役社長だった山口文洋さんと対談する機会をいただきました。

その際とても印象的な言葉がありました。

「この二十数年社会は大きく変化してきました。とくに、日本企業にとってはある意味頂点となったバブル時代の後、長いデフレが続く中、オフィスのＯＡ化が進み、ＩＣＴの活

用も当たり前のこととなり、そしてここ十数年は急速なグルーバル化も進み、価値観もバックグラウンドもまったく異なる外国の方と一緒にプロジェクトをおこなうようになっていきました。働き方も変わり、雇用形態も多様化しています。今後の社会を考えると、グローバル化は加速度的に進展し、ＡＩの発達とどのように向き合っていくか、また国内の生産年齢人口の減少や超高齢化社会といった問題もあります。その他、地球規模の環境問題や災害問題との対応も求められています」

「ただ、企業は何とかこれまでの二十数年の変化を段階を踏みながら消化してきました。もちろん大きな痛みも伴いながらですが。そして、いまは今後の社会の大きな変化を当然予想しながら次の一手を考えて、さまざまなプロジェクトがおこなわれています」

「一方、教育現場を見ているととても大変な状況であると感じています。企業社会が二十数年かけて取り組んできたことを、この数年で求められています。それだけでなく、大きく変化するであろう未来の対応も必要とされているのです。各教育現場は、日々の教育活動で手一杯であり、経験したこともないことに対応をするだけの余力がなかなかない状況と思います」

対談をしていて、正直ほっとした点もありました。それは、教育現場を否定されたわけではなく、現状の構造的な問題点を指摘してくれたからです。私自身も教育現場にいて先生たちが懸命に仕事に取り組んでいる姿を見ているので、どうしても教師びいきの視点を持ってしまうからです。

半面、やはりこれは大変なことだとも思いました。新しい学習指導要領の３本柱の中で、現行の大学入試には、「知識・技能」を中心に対応しています。「学びにむかう力」や「人間力」は、今の学校現場的なとらえ方で、日々の教育のなかで実践されていると思います。しかし、グローバル化やＡＩの発達に対応できる「思考力・判断力・表現力」に関しては、どうでしょうか。社会の変化を充分理解するとともに、いままでとは異なる教え方を開発する必要があります。

第３章でお話ししますが、ただでさえ「ブラック労働」といわれてしまう学校現場で、この問題に取り組んでいくのは、ものすごく大変です。

「アクティブラーニング」は教育改革のキーワード

最近では、ちょっと下火になってきましたが、教育改革のキーワードの一つに「アクティブラーニング」があります。日本語では「能動的な学び」です。

教師が教壇に立って一方通行の講義をし、黒板にむかってずらりと座った生徒たちは、いわれたことをノートに取り、先生から指されれば答える――これが典型的な「受動的な学び」です。昔はすべての授業が、いまでも多くの授業が、これです。

対してアクティブラーニングは、生徒による体験学習・教室でのグループ討論やグループ作業などを通じて、単なる知識にとどまらない、子どもたちのさまざまな能力を育成する学びの方法です。

新しい学習指導要領の3本目の柱は、当初「主体性・多様性・協働性」という言葉だったとお話ししましたが、これはアクティブラーニングと同じことです。もっと正確にいえば、「アクティブラーニング」が「主体性・多様性・協働性」になり、最終的に「学びに向かう力・人間性等」になりました。

日本の大学でアクティブラーニングの導入が話題となったのは2000年前後。「ゆとり教育」の一環として、小中高校で02年度から新科目「総合的な学習の時間」がはじまりました。「総合学習」では、アクティブラーニングの方法が取り入れられています。

いま問題になっている「指示待ち人間」は受動的・消極的人間。それと反対の能動的・積極的人間をつくるには、アクティブラーニングは最適とも思えます。わいわいガヤガヤ活気があって楽しそうですし、眠くなりにくい授業に違いありません。

懸念されるアクティブラーニングの問題点

ところが、アクティブラーニングは、とてもよさそうな学びの方法に思えて、実はここにも問題点がひそんでいる、と私は心配しています。

導入したとき、いちばん起こりそうなのは、たとえばこういうことです。

教師が、「○○問題についてどう思う?」という問いを生徒たちに投げかけます。そして「今日はアクティブラーニングをやってみよう。みんな主体的に考えて、どんどん意見を発表して」と、みんなの意見を聞いていきます。

「A君はこんな意見。Bさんは違う考え方。ほかには?」と生徒をうながし、対立する意見の者同士で討論させたりもします。最後に「いろんな意見が出た。まとめると、どうなるかな?」とやって、「だいたい三つの考え方があるとわかった。どれにも長所と欠点があるようだ。多様性は大切で、どの考え方も尊重したいものだね」というように、話がまとまってしまったら……。

これ、けっこう学校では、「あるある」なんです。

もう一例をあげます。テーマを「平安時代の宗教」とします。これを図書館を使って、本やネットで調べながら、グループ学習の形態で進めます。

生徒たちはあれこれ調べてまとめますが、ふつうは予定調和的なもの、一般的な本やウィキペディアにある話しか出てきません。実際に「平安時代　宗教」でグーグル検索すれば、大学研究者がわかりやすくまとめたスライドや、塾講師が覚えておくべきことを解説したユーチューブの動画などが、ズラリ出てきます。大学がネットで公開する卒業論文も見つかります。一致するテーマのものがあれば、これでいいやとコピペする生徒もいるでしょう。

このときの問題とは何でしょうか。まず、「平安時代の宗教」というテーマは、あくまでも「知識」をどのようにまとめるかといった次元のものでしかなく、社会に出たのちにも役に立つような「思考力・判断力・表現力」が身につくものではないのです。ですから、時間をかけたわりには、予定調和的な発表しかできず、成果が少ないのではないかと思います。いわゆる「調べ学習」の限界です。

もう一つの問題は効率性です。教師が「平安時代の宗教」を教えるのに比べて、この形態をとると数倍の時間がかかります。一方的に教えるよりは、内容に興味を持つ生徒も多くなることは予想されますが、年間の計画の中でたびたびやっていては、それこそ歴史全般を教えることは難しくなると思います。

では、どうすればよいのか。

教師が「平安時代と現代の宗教には、何か結びつくところがあるだろうか」と正解のない問いを投げかければ、どうでしょうか。これで数分でも話し合う時間が取れれば、「平安時代の宗教」も自分の世界に少しでも近づいてくるのではないでしょうか。これこそが、「思考力・判断力・表現力」を育てる問いなのです。

評価が確立されていない

先ほどの「平安時代と現代の宗教には、何か結びつくところがあるのだろうか」といったテーマでアクティブラーニングをした場合、評価をどうすればよいのか。じつは、ここが教育現場ではまだまだ追いついていません。

前述したように、大学入試から考えた授業のあり方や定期テストのあり方からすると、このような問題は一部の大学を除いて、入試ではなかなか出題されることがありません。となると、対応はどうしても後回しになりがちです。

定期テストでこの問題を出したとすると、教師が採点の基準を考えるのは、かなり大変です。生徒たちも、どのように準備したらいいのか、悩むところです。

どうしても定期テストでは扱いにくい。となると評価に組み込みにくくなる。だから積極的にはやらないというサイクルになってしまうのです。

社会に出ても役に立つような「思考力・判断力・表現力」を学校現場でトレーニングするには、「評価」という高いハードルがあるのです。

「ゆとり教育」がうまくいかなかったとされている理由

ここまでで、「どうも、どこかで聞いたような話だ。ゆとり教育がうまくいかず、やっぱり脱・ゆとり教育だ、と揺れ戻しがあった経緯と似ているのでは」と思われた読者が、いらっしゃるかもしれません。その見方は当たっています。

いわゆる「ゆとり教育」は、いまから20年ほど前に始まった教育改革でした。

じつは、「ゆとり教育」や「学校5日制」を求める声があがりはじめたのは1970年代からで、80年代初頭の学習指導要領は「ゆとりと充実を」と謳(うた)い、「ゆとりの時間」を設けています。これを広い意味でのゆとり教育に含むこともあります。

しかし、ふつうは２００２～03（平成14～15）年にスタートした学習指導要領のもとでのゆとり教育をいいます。

具体的には、小中学校の学習内容の３割削減（削減分は高校に移行）、授業時数の削減、完全学校週５日制、「総合的な学習の時間」新設などがはじまりました。当時ゆとり教育の〝伝道者〟のような活躍をしていたのが、文科省大臣官房審議官の寺脇研さんです。

準備は90年代半ばからはじまり、96年には「ゆとり」を重視した学習指導要領の導入が決まって、98～99年に改訂し、02～03年に施行というスケジュール。いうまでもなく、背景にあったのはバブル経済の崩壊でした。

じつはバブルがはじけてからも「もう一山くればなんとかなる」という経済人やエコノミストが多く、大不況が10年も続くと予測できた日本人は、まずいなかったという話を聞くことがあります。

数年たって、経済の右肩上がりが完全に止まったらしいと思われはじめたころ、少子化も進んで、もう若者を競争に駆り立てて選別するような時代ではない、教育を変えたほうがよいという議論が始まり、ゆとり教育に変わったのがバブル崩壊の10年後です。

これは、教育のやり方は一朝一夕では変わらないことを示す好例でしょう。いまはじまろうとしている教育は「10年ひと昔」くらい前に必要とされたものかもしれない、という視点は、いつでも忘れないほうがよいですね。

さて、ゆとり教育は、教育現場になかなか、その本来の目的を落とし込むことができなかったと感じます。

ゆとり教育そのものは悪くなかった、と私はいまでも考えています。最近「ゆとり世代」が教育現場でも多く働いており、彼らは今までの世代とは異なる興味深い視点をたくさん持っています。「ゆとり」といわれることを、どうしても否定的に受け取ってしまうようなマインドがありますが、彼らの個性がいずれ教育現場を大きく変えてくれるのではないか、と私は期待しているのです。

では、なぜ「ゆとり教育」がうまくいかなかったとされているのでしょうか。

第1に、学校の教師がゆとり教育の教え方をわからず、現場が混乱してしまったからです。

総合的な学習の狙いは「変化の激しい社会に対応して、自ら課題を見つけ、自ら学び、自ら考え、主体的に判断し、よりよく問題を解決する資質や能力を育てる」ことにあります。狙いはとてもよいと思います。今回の学習指導要領の内容のベースになっているともいえます。しかし、総合的な学習の具体的なカリキュラムは用意されず、現場の創意工夫にまかされていました。やったことがないのだから、できるはずがありません。これが問題でした。

第２に、教える量が削減されたのに、大学入試の内容がたいして変わらなかったからです。

ゆとり教育は、その狙いを掘り下げて教育実践するよりも、目の前の大学受験に対応することが優先され、批判ばかりが目につきました。その結果、生徒も保護者もそして教師も振り回されてしまったと感じています。

今回の教育改革は、「ゆとり教育」導入と似たところがある

みんなにゆったりと学習させれば、学力格差は縮まりそうなものですが、ゆとりの教育の隙間に、これまでと変わらない大学入試に向けて、しっかりと勉強させていたのが現実です。結果的に、勉強をする生徒としない生徒との格差が広がり、ゆとり教育は骨抜きにされていきました。

代わりに「脱・ゆとり教育」がはじまったのは04年以降です。

04年には前年に実施されたOECD加盟国生徒の学習到達度調査（PISA2003）の結果が、07年にはPISA2006の結果が発表され、日本の点数が下がったことが問題になりました。同じ年、第一次安倍晋三政権が教育再生会議を設置しています。ただし、さきほど説明したようなタイムラグがありますから、小中高の授業時間数が02年度より前の水準に戻ったのは11～13年度でした。

いずれにせよ、脱・ゆとり教育と今回の教育改革には、似たところがあります。

脱・ゆとり教育は、ゆとり教育の結果として学力が低下し、学力格差が広がってしまったという批判を受けて、その改善を狙ってはじめました。

今回の教育改革は、考える力が足りず、指示待ち人間が多いということから、その改善を狙ってはじめます。ただし、大学入試をそのままにしたためにゆとり教育がうまく機能しなかったことを反省して、大学入試改革と教育改革をセットにしてあります。

ゆとり教育と今回の教育改革は、根本的なところでは同じ路線で、大学入試改革をセットにした点が大きな変化ではありますが、総合学習の導入のように現場が具体的に何をやればいいのかがはっきりしない点でも似ているというべきかもしれません。

教育改革が、学力格差や教育格差を拡大させていく

今回の教育改革で学力格差（現在は勉強力格差）がどうなるかといえば、文科省は広がらないといいますが、真に必要な学力格差は広がっていくでしょう。本気で改革すればするほど「できる」「できない」は分かれていきます。教育改革には、格差の拡大という大きな〝落とし穴〟があることも指摘しなければなりません。

経済格差が教育格差を生み出していることは間違いありません。よくいわれるのが、６～７人に１人くらいの子どもが〝貧困〟というべき状態にあることです。

言い換えると、日本の17歳以下の「子どもの貧困率」は十数％。厚生労働省の国民生活基礎調査や総務省の全国消費実態調査の結果から算出した、等価可処分所得の中央値の半額に満たない所得（１２０万円余り）で暮らす人びと（世帯の全員）の割合を「相対的貧困率」といい、これをもとに計算したのが子どもの貧困率です。

貧困家庭は、その日その日を暮らしていくだけで手一杯。朝ごはんを食べることができない子もいて、各地に「子ども食堂」が開設されています。家には学習机も本棚もありません。小中高校の総合学習というのは、街を歩いたり自然に親しんだり、本を読んだりパ

ソコンで調べたりしますが、それに回すおカネすら不自由かもしれません。

小学校の1学級に子どもが30～35人いれば、そんな家庭の子が4～5人いるだろう、という状況です。とくに、ひとり親家庭の貧困率は50％超で、2人に1人が貧困状態です。貧困家庭は教育に回すおカネが足りない。だから子どもがよい学校に行けない。すると年収の高い仕事につけない。将来結婚してもおカネが足りない。生まれる子も貧困に陥ってしまう。——というように、格差が固定されてしまいます。

経済格差の拡大や貧困の増加は、教育の世界では非常に大きな問題です。ところが、教育界で教育を語る人たちに貧困家庭の人はいません。文科省の役人も、政府の委員会に入る評論家のような人も、メディア関係者もそうです。彼らには貧困問題が見えないし、見ようともしていない、というのが現状でしょう。

今回の教育改革には、貧困からくる教育格差をどうするかという話は、ほとんど盛り込まれていません。そういう人も大事にしましょうみたいなことは書いてありますが、放置するのと大差はないでしょう。

日本の人口は現在、毎年40万人ほどずつ減っています。10年後の2030年前後には、毎年100万人規模で人口が減りはじめる、と見込まれています。

いま疲弊しきっている地方は、そのときどうなるのか。たとえば、もうおカネがないから、ここより山側には電気も水道も引かず、道路もトンネルも直さない。住むのは自由だが、引越代を出すから町に移ってほしいという政策が、地方で始まるかもしれません。

そんな構造的な大変化が迫っていることが目に見えているのに、教育の世界は、大学入試がどうなる、新しい学習指導要領がどうなるという話がせいぜいで、自ら大きく変わろうとしているようには見えません。そんな一種のゆでガエル状態で、本質論があまり語られないまま、大学入試改革も教育改革も進んでいるように見えます。

本書をお読みの保護者や教師のみなさんは、一刻も早くゆでガエル状態から飛び出し、子どもたちに真の学力をつけるチャレンジをはじめていただきたいのです。

第2章　生徒たちの「学力」の現状とは？

——「読解力」のない子どもは、ＡＩに使い倒されてしまう

事実について書かれた短文を、多くの人が正確に読めない

２０２０年から大学入試改革が、引き続いて教育改革がはじまるものの、その一方で、現場の教師や保護者からははたして理念どおりにうまくいくのか、といった不安の声もあがっています。

第2章では、そもそもいまの生徒たちの「学力」はどのレベルにあるのか、その現状を見ていきたいと思います。

最近、社会のいたるところで、「読解力のない子が増えた」「読解力のない若者が多い」という話を耳にします。

学校では、どの教師も「生徒の読解力が落ちている」といいます。多くの教師は統計など取っていなくても、文章の意味をすんなり取って理解できる子どもが、急激に減ってきたと実感しています。

しかし、はっきりしたエビデンス（証拠）をともなっていない点が、いまひとつと思われるかもしれません。

ところが、全国7万人以上に独自の読解力テストをおこない、「多くの人が事実につい

て書かれた短文を正確に読めていないことがわかった」と主張する人がいます。

『ＡＩvs.教科書が読めない子どもたち』（東洋経済新報社　２０１８年2月刊）という本を書いた新井紀子・国立情報学研究所教授です。

数学者の新井さんはＡＩ（人工知能）研究の一環として、11年から東大合格を目指すＡＩ「東ロボくん」を開発して入試問題に挑戦しました。

ビッグデータを学習し、瞬時に計算や検索ができるＡＩは、「徳川幕府が成立したのは何年か？」というような問題を解くのが得意です。

ＡＩは問題文を分析し「徳川」「幕府」「成立」「年」といった要素を取り出す。次にビッグデータを検索し各要素が一緒に出てくる（相互の距離が近い）テキストを集める。集めたものから数字データを探し「１６０３」と「１６００」を見つけて、より頻出するほうを選んで「１６０３年」と答える、というのです。ちなみに１６００年は関ヶ原の戦いがあった年です。

試しにネットでグーグルの検索窓に「徳川　幕府　成立　年」と入れて検索すると、結果を「見出し＋３行」でズラリと並べて表示します。そこから人間の目で出てくる4桁数字を探すと、たしかに１６０３がいちばん多く、次が１６００でした。ＡＩがおこなっているのは、こういった作業らしいのです。

東ロボくんは、やがてセンター試験模試（２０１６年）で5科目8教科全体の偏差値が57・1となるなど大健闘。これは受験生の上位2割に食い込む成績で、東大は無理でもGMARCHには合格できそうなレベルまで〝賢く〟なりました。

ただし、AIは問題文の文脈を理解し、意味をわかったうえで答えているわけではなく、あくまでビッグデータにもとづいて答えを導き出しているだけです。ですから、問題文が複雑になると正答率が下がってきてしまいます。とくに国語と英語の成績が悪く、国語の偏差値は49・7と振るいませんでした。

読解力に問題があるとわかったものの、向上させるのは容易ではなく、これ以上続けても東大合格は無理と判断され、東ロボくんプロジェクトは16年に終了しました。

リーディングスキルテストに挑戦した中高生たちの、衝撃の結果

新井さんが注目したのは、「問題文が読めず、文脈を理解できない」AIが、ビッグデータを参照して「たぶんこれでは」と出してきた成績より、なお成績が悪い受験生が多いこと。そこで、彼らがどのように間違えたのか研究を進め、文章の意味を理解できていな

いまま問題を解いて間違える人が相当数いる、とわかったといいます。

新井さんによれば、いわゆるシンギュラリティ（ＡＩが人類の能力を超えるとされる技術的特異点）は来ないが、人間の仕事の多くをＡＩが代替する時代が迫っている。それなのにＡＩと同じように間違え、ＡＩよりも出来が悪い子どもたちが多いのは大問題。彼らはＡＩ時代に、どんな仕事に就き、どうやって生きていくのか。この問題のほうが、ＡＩ研究より切実で、急ぎ何とかしなければならない。

というわけで、新井さんは16年に「教育のための科学研究所」をつくり、ＡＩ研究を通じて開発した中高生の基礎的な読解力を測定する「リーディングスキルテスト」を実施しています。たとえば、こんな問題です（前掲書１９５～１９６ページから引用）。

【問い】次の文を読みなさい。

仏教は東南アジア、東アジアに、キリスト教はヨーロッパ、南北アメリカ、オセアニアに、イスラム教は北アフリカ、西アジア、中央アジア、東南アジアにおもに広がっている。

この文脈において、以下の文中の空欄にあてはまる最も適当なものを選択肢のうちから１つ選びなさい。

オセアニアに広がっているのは（　　）である。

①ヒンドゥー教　②キリスト教　③イスラム教　④仏教

これは、文の構造を正しく把握し、読解力のもっとも基礎となる「係り受け」ジャンルの問題だそうです。

落ち着いて読めば、仏教・キリスト教・イスラム教の順に、世界の主な普及地域を並べているとわかります。正解はもちろんキリスト教です。

問題文をチラと眺め、最後から2行目に飛んで、「どこにどの宗教が広がっているかという話だな。オセアニアってことは、オーストリアとニュージーランドで、どちらも英連邦の白人国。もちろんキリスト教だ」——と正解を書いた中高生もいただろうと思います。

ところがこの問題、中学生の3人に1人以上（38％）が、高校生の10人に3人近く（28％）が、正解できなかったといいます。中学でも高校でも、なぜか20％前後が④「仏教」と答えたようですが、「仏教は」で始まる文章だからでしょうか。

ほかにも、たとえば二つの文を読み比べて、意味が同じかどうかを判定する「同義文判定」というジャンルの問題では、次の二つの文が同じか異なるかを答えさせます。

幕府は、１６３９年、ポルトガル人を追放し、大名には沿岸の警備を命じた。
１６３９年、ポルトガル人は追放され、幕府は大名から沿岸の警備を命じられた。

一つめは「幕府が大名に沿岸警備を命じた」といい、二つめは「幕府が大名に沿岸警備を命じられた」といっているから、答えは当然「異なる」ですね。どうということはない問題で、小学生でも、ほとんどの子が正解するだろうと思えます。

ところが、中学生８５７名の正答率は57％、高校生１１３９名の正答率は71％。６学年のうちでは中３が55％と最低の出来で、新井さんは「愕然（がくぜん）とした」といっています。コイン投げでも50％の正答率のところ、中学生が60％に満たない結果には、私も愕然とせざるをえません。保護者のみなさんも学校の教師たちも、そうではありませんか。

基礎的な読解力は、偏差値との相関関係が高い

いかがでしょう。新井さんは、こうした問題は教科書から取っているから、小中高校を通じて相当な割合の子どもが、教科書を読むことができていない、というのです。あなた

のお子さんは、あるいは教え子たちは、読めているでしょうか。

できない子に「よく問題を読んでごらん」と指導しても、腑に落ちない顔をしている生徒がかなりいる。思い当たる保護者や学校の教師は少なくないはず。ところが、その子たちは、別にやる気がないのではなく、教科書を読めていないだけなのかもしれないのです。

新井紀子さんは、教育のための科学研究所サイトや新聞インタビューなどで、こんな主張をしています。

・2018年7月末までに約6万5千人を対象として本テストを実施した結果、中学3年生のうち、推論では65・1％、同義文判定では43・7％、理数系の定義を理解できるかを問う具体例同定問題では70・7％の生徒がランダム並み。言い換えると「ほとんどできていない可能性が高い」とわかった。

・リーディングスキルテストで測る基礎的な読解の能力値は、高校の偏差値ときわめて高い相関（相関係数0・80〜0・88）があることがわかった。偏差値の高い学校の生徒ほど、リーディングスキルテストの成績もよい。読解力の高い子が偏差値の高い学校に入っている可能性がある。

・読書好きでも短文を正確に読めない人が多い。文章が読めるとはどういう状態か、多くの人がわかっていない。読むとは何かわからないまま大学に進み、多くの人が20代を迎えている。本人に自覚がないことが深刻だ。

・調査では、教科書さえきちんと読めれば、学力が伸びることが明らか。学習しても学力や生産性が伸びないのは、説明文を正確に読めないからだ。

なんとなく「読解力が足りない」ことと、具体的に「この短文は3割の人が正しく読めなかった」ことは、はっきりレベルが違います。

実証研究を重ねてデータを蓄積し、「教科書を読めない子が少なからずいる」と警鐘を鳴らした新井紀子さんはじめ国立情報学研究所スタッフの仕事はたいへん意義深く、私は高く評価しています。

教科書をうまく読むことができない子に、いくら勉強しなさい、これを覚えなさいと、熱心に言っても、ほとんど意味がないでしょう。その子は、まず、基本的な読解力が身につくように導かれるべきです。それさえ身につけば、さまざまなことを「わかった！」と実感でき、やがて教科書でも本でも自分でどんどん読み進めて知識を広げ、考える力もついていくと思います。

日本語が通じない日本人が増えている

「日本語が通じない人が増えている」という研究者もいます。『三省堂国語辞典』の編纂者で、日本語技術に関する著書もある飯間浩明さんは、２０１７年の初めころ、ツイッターで「言葉が通じない人」の事例を四つ挙げたことがあります。四つを簡単に紹介しておきます。

・語句を理解しない（例：「時系列」といわれても、言葉を知らずわからない）
・語句の意味の理解が不正確
（例：「たびたび電話がある」を「毎日電話がある」と自分勝手な意味で解釈）
・文脈的意味を理解しない
（例：「サンタクロースっているよね」というと「いや、あれは伝説で…」と返す）
・表現意図を理解しない
（例：「そのうち飯でも」といわれて「来週？　再来週？」と返す）

このうち三つめの問答を、首都圏のある大学3～4年生5人に読ませて、「Aはどんな意味をいっていると思うか？」と質問した教員がいます。

A「最近つくづく思うけど、サンタクロースっているよね」
B「何言ってるの。あれはあくまで伝説で…」

答えは次の3通りに分かれました。
①Aは「近ごろサンタクロースをよく見かけるね」といっている。ショーウィンドウがクリスマスにむけて飾り付けられ、サンタクロースの衣装で看板を掲げるバイトが街角に立つ、そんな季節がやってきた、という意味。（同じ意味に取った回答者3人）
②Aは「サンタクロースの話なんだけどさあ」と、サンタクロースの話を始めるきっかけを口にしただけ。それ以上の意味はない。（回答者1人）
③Aは「頼まれもしないのに、サンタクロースのように誰彼なくプレゼントし、しかも代償を求めない人というのは、世の中にやっぱりいる」といっている。たとえば、匿名で

ランドセルを寄付したタイガーマスクのような人のこと。（回答者1人）
つまり、飯間浩明さんが正しいと思う「文脈的意味」を理解して日本語が通じたのは、5人のうち1人だけでした。なんと正解率は20％です。これは、大学生の読解力に問題があることを示しているでしょう。
右の例のサンタクロースは「サンタクロースを思わせる人」という意味で、つまり比喩です。比喩を比喩として受け取ることのできない若者や子どもが明らかに増えている、という印象は私にもあります。
「ライオンのような男」というと、「えっ？　彼は人間ですけど」と返ってきたりする。「ハイエナみたいな奴」や「ハゲタカファンド」といっても意味不明の日本人が、少なからずいるのです。

「読解力」は、文章の意味内容を理解して「インプットする能力」

「読解力」のない子どもが増えているという話をしましたが、そもそもなぜ「読解力」が、重要で必要不可欠なものとされているのでしょう。

その理由は、読解力が「文章をインプットする能力」そのものだからです。

読解力が足りないと、読むものの意味を必ずしも正確に――つまり、書いた人の意図どおりに理解することができない恐れがあります。

誰かの書いたメモ、葉書や手紙、メール、ビラやパンフレットや取扱説明書、お知らせや報告書、法律や行政文書、教科書、小説や詩集や評論などあらゆる情報は、文字や文章からできています。読解力に欠ける人は、これらを理解する能力が弱いかもしれません。

こうした文字や文からなる情報は、誰かが読むのを聞いて耳から入ってくる場合も、しばしばです。学校の授業、ラジオ・テレビニュース、社長の訓示や校長の挨拶など、どれもそうでしょう。

「文章を聞いてその意味・内容を理解する能力」は、読解力とイコールではありませんが、読解力に近い「わかる力」であることはたしかでしょう。

だから読解力は、およそ人間が「目で読むか耳で聞くかして接する言葉の意味・内容を理解する能力」といえるでしょう。端的にいえば「読み聞きしてわかる能力」です。

読解力が足りないと、本の中身や人の話をインプットする――うまく自分の内部に取り込むことができません。その人は、「インプットが少ない人」や「ズレたインプットをしている人」ということになってしまいます。

インプット（入力）から、アウトプット（出力）が生まれる

人間の脳は、外部から何かしらの「インプット」（入力）を入れて、初めて内部で何かが起こり、何かしらの「アウトプット」（出力）が、内から外に出てきます。これを繰り返して考える力が育っていくのでしょう。

生まれたての赤ん坊は、しゃぶったりさわったり聞いたり見たり暑かったり寒かったりして、感じることすべてがインプット。目につくアウトプットといえば、泣くかアーウーいうか手足をバタバタさせるくらい。頭の中で何か考えているのかどうかですら、はっきりせず、ただ外部刺激に反応しているだけのようにも見えます。

それでもやがて、母親への呼びかけか、おっぱいがほしいのか、意味のある言葉として「マンマー」といっているようだ、と思えるときがきます。

そのうち短い単語をいう、言葉を二つ三つ並べて口にする、文章らしきことをしゃべるというように、アウトプットが複雑になっていきます。笑ったり怒ったり悲しんだり考えたり迷ったり、さまざまな心の動きを反映させたアウトプットが広がっていきます。

絵本を自分一人で読んで、新しい知識を得たり、空想をめぐらせたり、感想を話したり

する「インプット-アウトプット」ができる幼稚園児もいるでしょう。小学校では本を読んで感想を書くという「インプット-アウトプット」がはじまります。やり方そのものは中学高校と先に行っても変わらず、扱うものがどんどん複雑で高度になっていきます。

読み書きという「インプット-アウトプット」は日本ではふつう日本語でしますが、インプットは読書だけとは限りません。人の話を聞く、テレビや映画や芝居を見る、絵を見る、音楽を聴く、旅に出て自然に浸るなど、自分の内部に入れるどんな体験でもいい。アウトプットも、言葉でも言葉以外でも、自分から外部に出る何でもいいですね。

いずれにせよ、私たちが経験からいえるのは、「よいインプットをたくさんする人は、それをしない人よりも、たぶんよいアウトプットができるだろう」ということです。

本をたくさん読む人は、ほとんど読まない人より、たぶん手紙もレポートもうまく書けるはず。言葉による「インプット-アウトプット」に限っていえば、これは間違いなさそうです。

もっとも、よい絵をたくさん見た人がよい絵を描けるわけでもないし、よい音楽をたくさん聴いた人がよい曲をつくれるわけでもないですね。これはインプットとアウトプットが中身もやり方も異なり、必要な能力も異なるからでしょう。

「思考力・判断力・表現力」には、読解力が欠かせない

さて、これから子どもたちには「思考力・判断力・表現力」が重要になるのでした。

思考力は「あれこれ考える力」です。これは、テストの問題を考えて正解を出す力と必ずしもイコールではありません。ちょっと突飛な例を出しましょう。

たとえば大雨で崖が崩れ、大きな岩が道を塞いで村が孤立した。村長から「どうするか考えてほしい」といわれた役人が、あれこれ考える。岩を登って向こう側に下りる、岩を重機でどかす、岩を爆破する、ヘリコプターを呼ぶ……。でも、「岩はダイナマイトでバラバラにできる」という知識がなければ、爆破案は考えに含まれません、ヘリコプターを呼べば来るという知識がなければ、これも含まれません。

知識が多い人は、場合を尽くして最善の方法を考えることができますが、少ない人は考えを広くめぐらせることができません。結局、読解力があって、よいインプットをたくさんしている人が、思考力の高い人でしょう。

判断力は「こうだと決める力」です。現在の状況、いくつかの選択肢、そのそれぞれを選んだときのメリットとデメリットを知り、それらを比較したうえで取捨選択しなければ、

判断がつきません。村が孤立しているとき「ヘリを呼ぼう」といち早く判断する力は、思考力と密接に関係しています。読解力があり、よいインプットをたくさんしている人が、やっぱり判断力に優れた人でしょう。

表現力は「さまざまなものをアウトプットする力」です。さきほど触れたように、読解力があり、よいインプットをたくさんしている人は、言葉による表現力が優れています。読解力が弱く、インプットが少ない人やズレたインプットをしている人は、表現力が足りず、貧弱なアウトプットしかできません。

たった1枚の写真が1万字を連ねた文章よりインパクトも説得力もある、ということはありうるでしょう。その写真を撮った人の優れた表現力は、読解力と直接関係がないように思えるかもしれません。

しかし、じつは優れた写真を撮るには、カメラのマニュアルを読む、優れた写真家たちの作品集を見る（読む）、本や新聞雑誌から歴史や社会情勢の知識を仕込んで適切な取材場所を選ぶといったインプットが必要です。だから、やっぱり読解力が必要なのです。

豊かな「思考力・判断力・表現力」を育んでいくには「読解力」が欠かせません。読解力は、子どもたちにとって、もっとも必要で基本的な能力というべきなのでしょう。

国語ができる子は、算数の文章題もよくできる

読解力が重要とは、教育の現場で昔から飽きるほどいわれてきたことは、みなさんご存じのとおりです。

小学校の算数のテストは、冒頭に計算問題がいくつも並び、途中で目先を変える図形の問題が入っていたりして、最後のほうに「文章題」がついています。問題が何行かの文章形式になっており、これを読んで式を立て、計算して答を出します。

国語ができる子は算数の文章題がよくできるが、国語ができない子は算数の文章題が苦手だ。文章題の出来不出来は算数の能力以前に国語の能力に大きく関係している。——これは私が子どものころ、それこそ半世紀も前から、ずっといわれています。

同じように、理科や社会の成績はだいたい国語の成績と連動しており、国語ができる子は理科社会もできるが、国語ができない子は理科社会もできないとも、やっぱり昔からいわれていました。

こうした議論はいずれも、読解力が学力の基礎であることを示唆しています。

文章問題より計算問題になってしまうわけ

算数の文章題を解くとき、とても有効な方法の一つは、図を描くことです。
距離や時間や速度の問題で、家から何百メートル歩いて橋を渡り、残りの距離を歩く３倍のスピードで走ったら何分で学校についた、などと出てきたら線を引き、わかっている距離や時間の数字を書き込みます。「求めなさい」といわれているものを「?分」「★メートル」などと示し、文章を図（線分図）で整理し直すのです。

図で示す能力は、表現力の一つです。そして、言葉による表現、数字による表現、図や絵による表現、音やリズムによる表現、身体的な表現など、さまざまな表現があります。

あれこれ考えたうえで、これだと判断して、ある表現をするのですから、「思考力・判断力・表現力」は、まとまった一連のセットです。ところがこのセットは、日本の教育で非常に弱いものの一つだ、と私は考えています。

教育する側は、このセットを教えない（教えたことがない）し、教わったこともないし、教え方がわからないので、安易な対策に走らざるを得ない状況です。どういうことかというと、教えやすく点数も取りやすいことを重点的に教えてトレーニングを繰り返し、教えにくく点数が取りにくいことは後回しにするか放棄してしまいます。

たとえば算数で、教師が「難しそうな文章題より確実に点数が取れる計算の問題をトレーニングしなさい」と教えます。

「文章題は20点。点数がたくさんもらえるから、なるべく解きましょう。解けない子は手をつけなくていいです。でも、初めのほうのやさしい計算問題をミスしたら絶対ダメですよ。1問3点で5問あるから15点。文章題をやらなければ時間が浮くでしょう。その時間を使って必ず検算しましょう」ということがあります。

「字」の読み書きは教えても「論理的な文章」の読み書きは教えない

「思考力・判断力・表現力」のセットが弱い教育は、江戸時代までさかのぼれるかもしれません。日本の教育は、江戸期の寺子屋の時代から「読み書きそろばん」（読・書・算盤）の三つを初等教育の基礎として重視してきました。

英語圏にも「スリーアールズ」（three R's）という言葉があって、つづりにRの字が入るreading　writing　arithmeticの三つを重視しています。

もっとも日本の読み書きは、もっぱら「字」を読み書きする能力だけを指していたように思われます。誰でも読み書きできるひらがなに加えて、難しい漢字を読めれば、文が読めて、本も読める。難しい漢字を書ければ、文が書けて、本は無理でも長い文章も書ける、という理屈です。

その一方で、「論理展開を吟味しながら、正確な意味を読み取る」という教育は、あまり重視されなかったように思います。

「論理的で説得力ある文章を書く」という教育も、あまり重視されませんでした。文章を書かせないわけではなくて、作文や読書感想文はよく書かせます。しかし、「好きなように書きなさい」といわれ、書き方や表現の仕方は教わりません。

先生が読み、朱入れして返してくれる作文や感想文は、字の間違いが指摘されているほか、何か所か傍線や花マルがついています。作文の題が「お母さん」ならば、お母さんの細かい心の動きをよく読み取っている部分、自分の考えや行動を客観的に分析できている部分などに、マルがついていたりします。しかし、たとえば、わかりやすい文章の構造は、評価の対象にはならないのがふつうでしょう。

日本の教育は、国語に限らず絵や音楽でもそうですが、表現にはさまざまな方法があるということを、あまり教えません。それは、繰り返し文章を書く、図画を描くうちに自分で自然につかむもの、あるいは職人の世界で弟子が名人から教わらずに盗むように会得するもの、という感じです。

作文の場合も、効果的に説得する文章の構造はどういうものか、論理はどのように組み立てていけばよいか、などはほとんど教えません。表現のスキルや思考のスキルをもっとちゃんと教えたほうがよい、と私は考えています。

というのは、読解力は「思考力・判断力・表現力」の基礎で、それらを高める力だと申しあげました。読解力は思考コードでいえばB軸の論理的思考（応用・論理）の領域で、文章を正しく読み取ったり要約したりする力。だから、次のC軸（創造的思考）を具体的に表現するためには重要な役割をになっています。

読解力不足の最大の原因は、スマホでは？

それにしても、なぜ、読解力が足りない子どもや大人が増えてしまったのでしょうか。昔から活字離れがいわれ、本を読む子の数も読む時間も減ってきましたから、これが読解力不足の原因の一つであることはたしかでしょう。

しかし、活字離れや本離れよりも大きく深刻な原因はインターネット、とりわけスマートフォンの普及ではないか、と私は思っています。

昔、情報を取るといえば、本や新聞雑誌を読むか、人の話を聞くしか方法がありませんでした。ラジオは人の話ですし、映画は非日常的なメディアです。やがて日常的なメディアとして生活のなかに入ってきたテレビもアニメ・バラエティ・ドラマ・スポーツ・ニュースなど日に何時間か、主として茶の間で見るもので、一人ひとりがそこからあらゆる情報を取るというものではありませんでした。

これらに対してスマホは、完全に個人の持ち物で、文字でも写真でも動画でもさまざまな情報がインターネットを通じて手軽に（楽に、適当に、またはいい加減に、といってもよいでしょう）入ってきて、どの情報も斜め読みで受け取ることができてしまいます。

論理を追ってしっかり読む、あるいは筋道を立ててちゃんと書くことがなくなり、読み書きがだんだん〝軽薄短小〟なものになっていきます。新聞やテレビは自分好みではない情報も伝えますが、ネットは、ややこしい話や面倒くさい話はハナから遠ざけて、自分好みの情報だけに浸ることができます。

ツイッター、フェイスブックなどのＳＮＳで文字そのものは相当数を入力していると思いますが、どれも細切れで、論理や筋道はなく、その場限りの反応という感じがします。

短い文章すらもスタンプで代用できるようになっています。これでは、読解力は育ちにくいでしょう。

インターネットやスマホは、もうなくせない。どう付き合っていくかが問題

もっとも、スマホを使えば使うほど論理的な思考力が失われ、スマホは子どもたちの学力を奪ってしまう、だから子どもたちから取り上げればいい、という考えには、私は賛成しません。

スマホは、電話でありながら事実上は小さなコンピュータで、カメラもついたすばらしく便利な道具です。列車の時刻を確認する、行きたい場所を地図で調べるというとき、こんなに役立つものもないでしょう。

ネットを見れば、キンドル（アマゾンの電子ブック）や青空文庫（著作権の切れた文学作品のネット図書館）は、私たちの子ども時代にはまったく考えられない、たいへんな宝物です。文庫本を一生懸命読んだ中高時代を振り返ると、「この名作をタダで読めるのか。あのころあればなあ」とつくづく思います。ちょっとしたタブレットに、何百冊という本、何百枚というCD、何十枚というDVDを入れて持ち歩き、好きなときに楽しむことがで

きる。これはすごい、これを使わない手はない、と誰でも思うでしょう。

世の中の進歩は止められず、インターネットであれスマホであれ、これをなくす後戻りは、もうできません。問題は、それとどううまく付き合っていくかです。

たとえば、ＩＣＴの旗手のような堀江貴文さんや落合陽一さんといった人たちは、スマホは今後ますますウェアラブル（身につける）で多機能な、つねにそこにあるものになっていくから、どんどん活用すればいいんだ、という考えです。極端にいえば、スマホで参照できることは覚えなくていい、機械が翻訳してくれるなら英語すらもしゃべれなくてかまわない、というわけです。

ただし、私にいわせると、それは並外れた思考力や判断力や表現力を備えた人、つまり〝できる人〟が「スマホだけで充分だよ」といっているのであって、あまり真に受けないほうがよいと思います。

あれだけ才能がある人はさておき、多くの人には、やはり知識・技能も、それに基づく考える力も重要です。

堀江さんや落合さんたちの言葉を真に受けて、「もう知識なんかいらない。スマホまかせでいいんだ」と受け取っている人が少なからずいるようで、それは違うだろう、と私は感じています。

知識と思考はつねにセット。どちらか一方だけではない

基本的な知識は絶対に大事だ、と私は思います。スマホに知識をまかせっきりにするのであれば、知識を奪うスマホはまさに学力を低下させてしまいます。スマホは、前提とする知識や考える力が身についた後でこそ思う存分活用できる、と考えるべきでしょう。

教師はじめ教育関係者は〝知識論〟が好きで、知識は大事か、それほど重視しなくていいかという二元論を語る人がとても多いように感じます。多くの人は教育改革をその観点からばかり論じていて、だいたいが〝知識と思考の分断派〟。両者を別々のものと考えがちなのです。

そもそも知識と思考をはっきり分けてしまう考え方が、私は全然、実際的ではないと思います。知識と思考の二つは、つねにセットなのです。その当たり前のことが、教育界ではなかなか理解されていないようです。

講演などで「知識と思考はセットで考えましょう」と私が話すと、噛(か)みついてくる人がけっこういます。知識がなければ何も考えられないのでは、といいます。気持ちはわかり

ますが、知識ばかり教わっている生徒たちはどんな気持ちで授業を受けているのか考えてみてほしいのです。

また保護者のみなさんにも、教育改革を「丸暗記じゃ、ダメなんでしょう」「丸覚えには意味がないよね」というようにとらえている人が、少なからずいます。たしかに意味の薄い丸暗記をいっぱいさせられてきたから、無理もないのかもしれません。

しかし、知識を入れ込むことも必要です。

英単語、人物名、化学記号とか、ある程度強引に覚えていく時期はあってもよいと思います。そうでないと、それこそ教科書も読めない、教師の説明もわからないといった子どもが育ってしまいます。

基礎知識の習得なくして、思考だけが身につくはずもありません。

近い将来、半分近い仕事がＡＩに奪われかねない

スマホからＡＩに話を戻しますが、ここ数年、ＡＩによって人びとの仕事の多くがなくなってしまうという問題提起がなされています。

英オックスフォード大学のマイケル・オズボーン准教授らは13年に、論文『雇用の未来

ーコンピューター化によって仕事は失われるのか』を発表。米労働省のデータに基づき702職種がどのくらいコンピュータ技術で自動化されるか分析したところ、10～20年間にアメリカで総雇用者の47％の仕事が消滅する、という結果が得られたというのです。衝撃的な内容で、世界中の人に「ＡＩは怖い！」と思わせました。

日本では15年12月、野村総合研究所がオズボーン准教授らと共同研究した報告書を出しています。国内の601職種がＡＩやロボットなどで代替される確率を試算したら、10～20年後に日本の労働人口の49％が従事する職業で代替できるという結果でした。

どちらも「半分近い仕事がＡＩに取られる」という話です。

実際、第一次・第二次・第三次のどの産業でも、ＩＣＴやＡＩを駆使した自動化が進んで、人手がいらなくなっていくでしょう。

農業や工業の自動化やロボット化はすでに進んでいますから、イメージしやすいと思います。情報産業でもルーティン的な、決まりきった手続きやデータ処理作業が多い頭脳労働の一部は、機械に代替されるのではないでしょうか。ＡＩは工場だけでなくオフィス環境を大きく変え、多くのホワイトカラーも代替されてしまうかもしれません。

「未知の状況」はＡＩ時代の到来？

ＡＩが人間の仕事を奪うことへの懸念が広がっており、とりわけ学生たちは将来に大きな不安を抱いています。

文科省もＡＩの存在を非常に意識しており、新しい学習指導要領にある「未知の状況にも対応できる『思考力、判断力、表現力等』」は、その表れでしょう。

もっとも、人口減少社会の日本はさほど心配しなくていいという見方もあります。いま日本で働く人の数は六千数百万人で、うち４０００万人が第三次産業に従事しています。およそ30年後の２０５０年には、人口減少によって生産年齢人口が２０００万人ほど減っている、と予測されています。第三次産業で働く人の２人に１人がいなくなる計算ですから、そこをＩＣＴやＡＩによる自動化が埋めてくれるのであれば、人間がＡＩに駆逐されてしまうことにはならないのでは、というわけです。

このあたり、あまり断定的なことをお話しする用意はありませんが、働く人たちが将来ＡＩを使いこなすのか、使われてしまうのか、共存していくのかというような状況には、だんだんなっていくのでしょう。

思考力・判断力・表現力が充分でなく、読解力も足りず、意味をわからずに答えるAIと同じような考え方をして間違えてしまう人、AIよりも出来が悪い人はAIに駆逐されるというか、AIに使われるようになっていくだろう、と思います。

思考コードのABCでいえばA軸の人、つまり思考が知識・理解の領域（段階）にとどまっている人は、AIに領域を奪われ、仕事を奪われていくのです。

AIに仕事を奪われないために、子どもに必要な力とは

では、将来AIに仕事を奪われないために、子どもには、どんな能力をつけていけばよいのでしょうか。

AI時代への危機感を強く表明している新井紀子さんは、「まず読解力をつけるべき」といっています。つきつめれば「読解力・論理力・コミュニケーション能力」という基本の三つさえあれば、機械との競争には負けない、ともいっています。

私が強く推奨したいのは、やはり文字を読むこと、それもネットで情報を斜め読みするような読み方ではなく（それは、急いで調べものをするなど必要なときやればよい）、自分の力でじっくり読み込むことです。

たとえば、夏目漱石は、百十数年前（１９０５年）に小説『吾輩は猫である』を書きました。執筆を勧めたのは俳人・高浜虚子。大親友で02年に死去した俳人・正岡子規の門下生の会で発表されたのです。

その後、さまざまな人が批評し、編集し脚注をつけて繰り返し本にされ、時の試練に耐えて評価された古典だからこそ、いまだに愛読者がいるわけです。

誰からのチェックも受けていないブログに掲載された文章とは違う、精選に精選が重ねられた小説です。

そんな定評ある文章を、ゆっくり時間をかけて、少しずつでよいから読んでいく。わからなかったら、まず自分で考え、調べたり人に聞いたりしてみる。面白かったら、次の『坊っちゃん』（06年に発表）を読んでみる。あるいは、批評する誰かの文章も読む。またそれに対する反論も読む。そんな作業が大切ではないでしょうか。

こういう作業は、苦行ではなく楽しいはずです。迷わされたり苦しんだりするでしょうが、人間はそういう体験を重ねて育っていく。こんな作業から読解力や考える力も育ち、クリティカルな視点や俯瞰してものを見る視点も生まれていきます。

読解力を高めるには

「おっしゃっていることは、ごもっとも。でも結局『じっくりと読書をしなさい』くらいしか読解力を身につける方法はないの？」「それなら今までも子どもたちにいってきたけど」といった声が返ってきそうです。じつは、私も昔、国語が苦手で、親に「本を読みなさい」といわれていた一人です。

そんなお悩みをお持ちの方に二つの方法を紹介させていただきます。

一つは、言葉による表現の仕方（表現力）を教えれば読解力を高められるのでは、ということです。「読解力→表現力」の方向ばかり強調されがちですが、「表現力→読解力」という逆方向をもっと考えたほうがよいでしょう。

「小説」を読むのではなく書くとしたら、どんな順番になるのでしょうか。テーマを決めて、ストーリーをつくる。登場人物を設定してみる。場所、季節なども考えてみる。そんな構想から始めて、文章の構造を考える。あとは表現する語彙力を獲得していく。

いかがでしょうか。難しいかもしれませんが、これなら面白そうという子どももいるかもしれません。

小説を書くとなると大仕事なので、まず、英語圏でおこなわれるランゲージ授業の例を紹介します。
その後、もう一つの読解力を高める方法として、新聞を使った例も紹介させていただきます。新聞はかなりしっかりと編集されており、短い文章で読みやすく、全体を俯瞰して
とらえやすくなっています。

英語圏では子どもたちに「ランゲージアーツ」を教え込む

表現をあまり教えない日本に対して、英語圏は「論文はこう書くのだ」という書き方、表現方法を小学校の中・高学年レベルで教えています。「ランゲージアーツ」といって、言葉の使い方をしっかりトレーニングして習得させる文化があります。

アメリカはさまざまな民族が集まるモザイク国家。宗教も文化も言葉も違う人びとが隣り合って住んでいますから、以心伝心や忖度などはありえません。何事も議論し交渉して決めていくしかなく、だから論理的で説得力ある表現技術にこだわるのでしょうか。

よく知られているのは「ファイブ・パラグラフ・エッセイ」（5段落エッセイ）。

たとえば「あなたは過去にさまざまな贈り物をもらったはず。そのうちもっとも記憶に

残る贈り物についてエッセイを書きなさい。もらった理由、もらった物、もらったときの気持ちを含めること」とテーマが示されます。

このとき、次のような5段落の構成で書きなさい、と教えるのです。理由・物・自分の気持ちは②〜④に書きますが、三つに軽重があるときは強いものから順に書きます。

①導入部（Introduction）……自分がもっともいいたい「主張」「主題」を書く。冒頭で読者を惹きつけるエピソードや引用を書けば「アイスブレイク」（初対面同士が会うとき場をほぐす紹介やゲームなど）になる。主題は①の最後の1行に配置する。

②本論1（Body Paragraph 1）……①を補強するもっとも強い根拠を一つだけ書く。①を受けてつなぐ適切な接続詞を使う。根拠を示し、その理由を説明し、結論づける。

③本論2（Body Paragraph 2）……①を補強する根拠を一つ書く。接続フレーズに注意。以下右に同じ。

④本論3（Body Paragraph 3）……①を補強する弱い根拠を一つ書く。以下右に同じ。

⑤まとめ（Conclusion）……全体のまとめを書く。①と同じ中身だがコピーではダメ。強く明確に言い換えること。読者に考えさせるよう余韻を残す表現を入れてもよい。

大企業の社員が「箇条書き」をうまくできない

アメリカの小学校では1段落1テーマと教えますが、日本の学校では教えません。だから、こんなことが起こります。

日本のある大企業で最近あった実話です。

働き方改革が迫られるなか、働き方にあまり関心がない若手社員が多いので、働き方に関して、自由にアイデアを出してもらったそうです。

ところが、ある提案書を見ると、（1）（2）（3）と項目を立てて整理してあるのに、項目（1）に2と3にある内容がちらほら入っている。項目（2）にも1と3の内容が散見される。項目（3）にも1と2に出てきた内容が顔を出す。

そこで、先輩社員は、「あなたが出してくれた提案書だけどさあ」と、書いた若手社員を呼び止め、ピンク・黄・緑のマーカーを渡して、同じ項目に入るものにアンダーラインを引かせました。

そのうえで「これ、ピンク色の部分をまとめて（1）に、黄色をまとめて（2）に、緑色をまとめて（3）に書かなければ、番号を振って項目分けする意味がないんじゃないかなあ」と話した、と聞きました。

書いたのは、文句なしに一流とされる大学を出て、入社後2～3年たった社員だったので、「驚いたけど、ちょっと放っておけないと思って、そこまでやった」そうです。

これは、基本的には、表現力が欠けているという問題だと思います。しかし、書き上げた提案書は、ざっと読み直してから出すでしょうから、そのとき「ヘンだ」と気づかないのは、やっぱり読解力に問題があるというべきでしょう。

新聞コラムを読んで読解力をつける方法

もう半世紀も前のことですが、東京のある公立小学校に、毎年自分のクラスから当時の教駒（国立東京教育大附属駒場中学校）に1～2人、麻布中学に3～4人を入れるという伝説的な教師がいました。小学校6年生の秋に「国語はこれだけでいいから、毎日やりなさい」といわれた人によると、その教師はこんな課題を出したそうです。

・何新聞でもよいから、紙面で「明日への話題」というような葉書大くらいの囲み記事（コラム）を探し、切り取ってノートに貼り、その文章をじっくり読む。

・赤鉛筆を手に、意味内容に注目して全体をいくつかの段落に分け、各段落に①～④のように番号を振り、それぞれ何をいっているか要約する。さらに、コラム全体で何をいっているか要約する（要約は、１行あるいは2～3行でまとめる）。筆者が何を主張しているのか、わかることが大切。

・新しく目にした言葉は、必ず辞書で意味を調べる。

・読めない漢字、書けない漢字は、なくしておく。

読解力をつけるには、これはたしかに効果的なやり方と思えます。なかなか高度な課題で、中学3年生くらいでもちょうどよいかもしれません。こんな読解力をつけて思考力・判断力・表現力を磨き、コミュニケーション能力も鍛えていけば、本格的なＡＩ時代を迎えても、恐れる必要はないはずです。

この章の最後になりますが、思考コードのＢ軸をトレーニングする発想は今まであまり教育現場では見られなかったのですが、今後はこの点を積極的に取り入れていく必要があると思います。

第3章　こんな学校に子どもを預けてはダメ

——注目は〝マイルドに管理しつつ背中を強く押す〟系でない新興勢力

「自立」には総論賛成。各論は正反対で「マイルドな管理」

ここまで、2020年に始まる入試改革や教育改革と、そこで子どもたちが求められる本当の学力、考える力、読解力などについて取り上げてきました。

そこで保護者のみなさんは、現実の中学校や高校の姿勢はどうなのか、新しい教育の方向に舵を切った学校をどう選んだらよいだろう、と思われるでしょう。

第3章では、主として中学校や高校の現状、望ましい学校像やその選び方、さらには教師たちを取り巻く難しい環境などについて、お話ししたいと思います。

まず私が強調したいのは、序章でもちょっと触れたように、世の中には、子どもたちに必ず目標を与え、それに向かって頑張れと、子どもたちの背中を強く押す学校が非常に多い、ということです。

そもそも、なぜ子どもを教育する必要があるのでしょう。こう聞けば、子どもは未熟な存在で、いまは親が保護しているが、親がいなくなった後も長く生きていかなければならない。だから、彼らに「生きる術(すべ)」を身につけさせるのだ、と答える人が多いでしょう。

先行する世代が、次の世代の子どもや青少年にさまざまなことを伝え教えて、ちゃんと生きていけるようにするのが教育だ。これは、ごく一般的な考え方です。

ですから教育関係者は、「自立心を育てる」や「自立する子どもを育てる」と、盛んに口にします。

どの学校も「本校の教育目標」として、３項目ほどの箇条書きを額に入れ、ロビーや校長室に飾ってありますね。「豊かな心」「健康な子ども」など心と体のあり方を掲げる小学校が多いのですが、中学校や高校になると、加えて「自ら学ぶ」「自立する」「自主自律」「生きる力」といった表現が目立ってきます。

多くの学校が子どもたちに「ほかの誰かの力を借りず、また誰かに従属もせずに、何でも自分でやっていくことが大事。ぜひそんな生徒になってほしい」と呼びかけています。この方針に、とくに異議を申し立てる保護者もいないでしょう。大人たちはみんな「自立する子ども」を育てることに〝総論〟では大賛成です。

ところが、総論はそのとおりなんだけど「そうはいっても……」、という〝各論〟があります。

じつは多くの保護者が「うちの子はほうっておくと何もしないんです。ちゃんとやるように背中を押してください」「うちの子が入る学校は、生徒に寄り添って、勉強を厳しくやらせてくれるところがいい」と思っています。そして、そのような学校を探し、子どもを受験させます。

学校側も、そんな保護者に応えなければいけないという気持ちが強く、「うちの生徒たちは、背中を強く押して、よい大学に入ってもらわなければ」と考えています。

つまり、保護者も教師も「自立」には総論賛成ですが、各論ではその対極にあると思えるようなやり方——子どもに寄り添い、背中を強く押し、何から何まで面倒を見るマイルドな管理を続けています。

「歩留まり7割」と見て、多めの目標を示す

いうまでもなく私は、「子どもに寄り添って背中を押し、一から十まで面倒を見る」子育てや教育を、百害あって一利なしだからダメとまでは、考えていません。段階やタイミングを考えてそうするのは、とてもよいことだ、と思います。

「守破離（しゅはり）」という言葉があります。柔道や剣道といった武道、茶道や書道、伝統芸能などの世界で、修業における段階を示す考え方です。

「守」段階は師や流派の教え・型・技を忠実に守り、確実に身につけていく。「破」段階は、

ほかの師や流派の教えも学び考え、よいものを取り入れて心技を発展させていく。「離」段階は、流派から離れ、新しいものを独自に生み出していく。

最初の「守」では、しっかり面倒を見ていく、次の「破」では突き放すというように、段階を踏んでいけばよいのです。ところが、段階もタイミングもなしに、最初から最後まで子どもたちを囲い込み、つねに寄り添って背中を押しつづける学校が、とくに高校で非常に多いのです。

何につけても「頑張れ、頑張れ」と、毎日子どもの背中を押すようにする。面談やカウンセリングをやり、心配したりあやしたりしながら——つまり、マイルドに管理しながら、背中を強く押す感じ、といえばよいでしょうか。

具体的には、学校の教師が児童や生徒たちに、必ず「目標」を与えます。子どももそういうものだと思い込み、いわれたこと、いわれたこと〝だけ〟を、やろうとします。

もっとも、子どもというのは「10のことをやりなさい」といわれれば、だいたい7割くらいしかやらないもの。教師の側も、歩留まりはせいぜい7割とわかっています。

そこで教師は最初から「10やりなさい」とはいわず、「14～15くらいやりなさい」と、より高い負荷をかけて目標を示します。「14～15」の7掛けは9・8～10・5だから、戻りが7割ならばちょうどいい、と先回りして考えるわけです。

こんな教育が、全国の中学校や高校でおこなわれています。だから、至るところで「指示待ち人間」が育ってしまいます。一生懸命やっているのが、すでに触れた二番手、子どもたちにも保護者にも非常に人気どころの中学校や高校が多いのです。

もちろんトップ校は人気があります。トップ校は中高一貫校が多いですが、中学入試では、小学校6年生にたんなる知識だけでは解けない「思考力・判断力・表現力」を問う問題を出して、早々に選抜を済ませています。

そのように選んだ子どもを、高校受験のないメリットを生かした長期計画に基づいて時間をかけて教えています。

トップ校に進学する生徒たちは、概して暗記力に強く、A軸の「知識」を獲得することにあまり時間がかからないケースが多いのではと感じます。ですから、授業の展開も、C軸を意識したB軸といった展開になっていきます。

そんなトップ校に「頑張って追いつけ追い越せ」という二番手校で重視されるのは、考える力や創造性ではなく、もっぱら努力や頑張りです。

まずはA軸が重要ということで、A1→A2→A3と暗記や計算をビシバシやらせます。

Ｂ軸はＢ１が中心で、Ｂ２までなんとか。Ｃ軸は手をつけたくても時間をとる余裕がなかなかありません。大学の入試に向けてＡ軸問題を完璧に再現することを目指し、Ｂ軸問題を何とか得点したいという感じで勉強しています。

教師は背中を押してガシガシやらせる。多くの保護者もそうしてほしいと願う。子どもたちもいわれたとおりにやる。――こうした中学校や高校の教師や保護者が考え方を変えなければ、考える力や生きる力をつける新しい教育を広げていくことは難しいでしょう。

反発心や反骨心のない従順な子どもたち

〝マイルドに管理しつつ背中を強く押す〟系の学校では、子どもたちはどう思っているでしょうか。さぞかし窮屈な思いで、反発心を持っているのかといえば、別にそんなこともありません。

いまの時代、子どもたちの反発心や反骨心というものは、ほとんど見られません。90年代初頭のバブル崩壊から「失われた10年」がささやかれはじめたころ――90年代後半あたりからとくにそう思うのですが、「ちょっと斜に構えた、反発心や反骨心のありそうな子ども」を、ほとんど見かけなくなりました。

昔は、これ見よがしに校則を破る、何につけても教師に楯突く、大人の悪い面をわざわざマネして格好をつける、といった生徒が必ずいたものですが、いまはまず見かけません。日本で学生運動や大学紛争が華やかだったのは１９６０年代末から70年代にかけてで、かれこれ半世紀も昔の話。当時の若者は社会に対する反発心をむき出しにして、「俺は親とは違う生き方をする」などと叫んでいました。そんなクリティカル（批判的）な、若者の〝トゲ〟のようなものも、すっかり姿を消しています。

平成時代に若者から尖った部分が消えていくなかで、人気があったのは堀江貴文さん。ＩＴ界のスターとして颯爽と登場し、既成の権威と戦うホリエモンの姿には、心を揺さぶられた子どもたちも少なからずいたでしょう。

しかし、彼は大阪近鉄バファローズ買収や東北新球団設立に失敗（04年）、ニッポン放送株取得や衆議院総選挙への出馬（05年）をへて、06年に証券取引法違反容疑で逮捕されてしまいました（後に懲役２年６か月の実刑が確定）。彼に憧れた子どもたちに、尖りすぎたら必ずつぶされるという記憶だけが残っても不思議はありません。

いまの子どもたちは現在の環境を受け入れて、自分たちなりに勝手にやっているように見えます。90年代後半ころから「いまを受け入れて従順にやっていこう」という気分が広がったように感じます。

ちょうどそこに〝マイルドに管理しつつ背中を強く押す〟系の学校が、「頑張って努力して、上に追いつき追い越そうよ」というやり方を推進しました。90年代半ばから準備が始まって02～03年に実施された「ゆとり教育」のとき、とりわけそんな学校が人気を博して、現在もその状態が続いている、といえるでしょう。

子ども・教師・保護者の〝三位一体〟でGMARCH信仰

①従順で反発しない子どもたち
②その背中を強く押す教師たち
③学校におまかせの保護者たち

日本では、この三者の〝トライアングル〟、いわば〝三位一体〟の学校教育が、とくに高等学校の大きな一角を占めています。

トライアングルの〝出口〟はGMARCHやそれに続く大学で、ここを目指す生徒のボリュームが大きく、高校も多いのです。「GMARCHに行けば安泰」というなんとはなしのムードが教育業界や高校の生徒・教師・保護者たちを、広くおおっています。

昔はこんなことはなく、そもそもGMARCHなる言葉も2004年ころまでありませんでした。これは、昭和の時代と平成時代以降の大きな違いの一つでしょう。

実際、GMARCHに代表される中堅大学は、学部や学科を多様化させて多くの学生を受け入れる体制をつくる、困った学生が相談してサポートを受けられる窓口を設けるなど、高校サイドからみても教育内容の充実によくつとめていると感じます。

関西「関関同立狙い」も関東「GMARCH狙い」も話は同じ

GMARCHは東京を中心とする関東の大学です。関西ではどうなっているか知りたい読者も少なからずいらっしゃるでしょうから、簡単に触れておきます。

ごく大雑把な話をすれば、関東の大学受験生は30万人くらい。東大・一橋・東工大・医学部・早慶あたりに入る学生は、ざっと2万人くらいでしょう。

すると小学校の30人学級から2人という計算になりますが、これは昔の5段階評価でいう〝オール5〟の子に当たります。昔は「相対評価」で、5をつける人数は上位7%というように決められていたので、30人学級ならば2人。実際はオール5の子1人に、5と4が混在する子が3人前後といった感じでした。

いまは「絶対評価」といって、目標が達成できた生徒に5をつけるやり方なので、ごく一部の子だけに5がつくということはありません。

さて、30人学級の上位２～３人が早慶クラス以上を目指すと、10番くらいまでの子８人くらいがＧＭＡＲＣＨを目指すことになりますね。ここのボリュームが大きいので、高校も大きなターゲットとして受け入れます。

同じように大雑把な話をすれば、関西の大学受験生は９万人くらい。京大はじめ国公立・医学部に入る学生は８０００～９０００人くらい。関関同立に入る学生が1万６０００人くらい。関西では計２万５０００人がＧＭＡＲＣＨのような中堅以上を目指すことになります。すると、やっぱり30人学級で８人くらいまでの計算となって、関東でも関西でも話はあまり違いません。

ようするに1学級30～40人ほどいるなかで、トップ３人に続く12～13人くらいまでが、ＧＭＡＲＣＨや関関同立狙い。その子たちが高校で頑張って、教師たちも一生懸命背中を強く押す、というわけです。

この状態で「いや、やっぱり考える力だ」「思考力・判断力・表現力が何より重要だ」といっても、なかなか受け入れられにくいことがおわかりでしょう。

ここは、「ちょっと待ってください。その考え方で中学や高校を選んで、本当によいのですか?」と、保護者のみなさんに強く申しあげたいと思っています。

私立大学が進める高校の付属化・系列化

いま私立大学は、生き残りのために、付属校や系列校を盛んにつくっています。何十年も前からある私立高校が突然、大学名の入った校名に変わっています。

たとえば東京・文京区の京北高校は、もともとの創立者が同じ(哲学者で教育者の井上円了博士)ということで、15年から東洋大学に付属する東洋大学京北中学・高校となりました。生徒数250名に対して東洋大への推薦入学枠が160名程度と謳っています。

東京・目黒区には日出(ひので)学園という中学・高校・幼稚園がありました。芸能コースがあり山口百恵さんが出た高校としても知られています。ここは19年4月から目黒日本大学中学校・目黒日本大学高等学校・目黒日本大学幼稚園になりました。

入試厳格化で1~2割増の入学者集めができなくなった大学側は、一般入試で取る人数を減らし、系列校から安定して上がってくる人数を増やしたいと考えています。だから、こうしたケースが増えるわけです。

推薦入試は、高1～高3の1学期までの成績（評定平均値）を記入した調査書を大学に出す必要があります。5段階の評定平均が5・0～4・3ならば「A」、4・2～3・5ならば「B」で、難関私大の推薦入試を目指すには「A」評価が必要となります。評定平均4・3は、高いといえば高いのですが、まじめに努力すればギリギリなんとかなる数字。ですから、「努力すれば滑り込みでAが取れる。すると推薦で難関私大に行ける」と考えています。保護者は、そのような進路を保証してくれそうな高校を選んで、子どもを入れています。

「GMARCH」「関関同立」は決して悪くない

読者の皆様は、ここまで書いてきたことに違和感を持った方も、結構いらっしゃるのではないかと思います。

誤解なきように申しますと、「GMARCH」「関関同立」の教育内容が悪いなどとお話ししているのでは決してありません。むしろ、教育内容の充実をつねに図っていると感じています。多くの優秀な卒業生もいます。

では、この章では何がいいたいのか、ここでまとめてみます。

「ＧＭＡＲＣＨ」「関関同立」をなぜ選んでいるのか、そしてどういう学習で入学していくのかを今一度考えてみようということです。

まず、何故選んでいるのか、です。自分の将来を考えて学びたい学問ができるから選んでいるなら、まったく問題ないと思います。

しかし、偏差値輪切りをベースにした考えで選んでいるといった話をよく聞きます。昭和的な「よりよき」価値観であるならば、何か将来は保障されたのかもしれません。しかし、子どもたちは令和の世の中を生きていくのです。

ＡＩやグローバル化が進むなかで偏差値序列による相対的なポジションが一体いつまで社会で役に立つのでしょうか。まだ数年は就職などでは有利かもしれませんが、企業の担当者に聞くとそれも早晩流れは変わるのではないかという話も聞きました。

次にどういう学習で入学したのか、を考えてみます。

前述したように、思考コードでいえば、Ａ軸の「知識・技能」を徹底的にトレーニングしてＢ軸の論理的思考も身につくように頑張るといった学習です。残念ながら、Ｃ軸の創造的な思考の部分にはほとんど触れてきていないのです。

Ｃ軸には「もしあなただったら～」という文言が最初に出てくるとも紹介させていただ

きました。これを当てはめるならば、「もしあなたが大学生になったら、何を学びたいですか、そしてそれはなぜですか」といった問いに対して突き詰めた答えを出すことはできないということになります。

中学や高校時代の日々の学習の中で、A軸やB軸の学びももちろん重要ですが、C軸を意識しなければ、大学合格がゴールという結果になりがちだ、と改めて指摘しておきたいと思います。

予測不能な未来に大学選びの正解を求める

「予測不能な未来といわれていますが、そんな中でどの大学を選ぶのが正解ですか」といった質問を受ける機会が増えたと知り合いの教育関係者から聞きます。

保護者のみなさんの考えを聞くと、わが子を待ち受けている「予測不能な未来」に対して、何が起こりそうか考えてはいるものの、そこから子どもの進路をどうするかという話と結びついていない感じがします。

現在持っている価値観だけに従って子どもの進路を決めている人が、非常に多いことに気づかされます。

20年ほど先の2040年に起こることが、現在まったく予測不能かといえば、そんなことはないはずです。第2章で触れたAIの話を思い出してください。やがて本格的なAI時代が始まり、AIがさまざまな仕事を代替することは間違いありません。奪われる仕事が3割か5割かはわからなくても、奪われていく流れそのものは確実でしょう。

2000年当時はスマホもタブレットも存在せず、ホームページをつくって情報発信する人はごく少数でしたが、「これからすごい情報革命が起こる」といわれていました。実際いま、多くの人がスマホを手にしてSNSで情報発信しています。この20年間の変化と同じような大変化は、今後の20年間に必ず起こるでしょう。

21世紀型教育機構の加盟校が目指す教育とは

ここで、いまお話ししてきたメインストリーム（主流派）の中学校や高校、いわゆる背中を強く押すタイプの学校とは、かなり考え方を異にする中学校や高校を紹介しましょう。仲間たちと私が11年に21世紀型教育を創る会を立ち上げ、いま十数校が加盟する「21世紀型教育機構」として活動していることは、序章で簡単に触れました。

日本を襲った11年の3・11で、長い時間をかけて築き繁栄を謳歌していた街は大津波に飲まれ、クリーンエネルギーとして社会を支えてきた原発が次々と停止し、何十万もの人びとが家を失い、故郷を追われました。

日本を代表する地震学者たちが誰もこんな巨大災害が起こりうると警告せず、最先端技術をあつかう学者やエンジニアたちも福島第一原発事故にお手上げ状態だったことは、学問や科学への信頼を大きく揺るがせました。

教育の現場にいた私たちは、これまでの教育とは何だったのか、本当に必要な教育とは何だろうという疑問を突きつけられ、教育が大きな転機を迎えていると思わずにはいられませんでした。

そこで私たちは未来について考え、これから起こるさまざまな問題に直面しても対応できるのはどんな子か、どう教育すればそんな子を育てることができるのか、模索をはじめました。

グローバル化時代に必要な英語教育、ＩＣＴ（情報通信技術）の進展に対応する情報教育、自ら問題を発見し解決していく問題解決型学習（ＰＢＬ＝プロジェクト・ベースド・ラーニング）などの研究を重ねました。ある学校だけがものをいっても世の中は動きませんから、何校かで集まって新しいムーブメントをつくっていこうとしたのです。

21世紀型教育機構が大切にしている五つのコンピテンシー（優れた結果を出す個人の行動特性）は、コミュニケーション・コラボレーション・クリティカルシンキング・クリエイティブシンキング・コントリビューションの「5C」です。日本語でいえば、意志疎通・共同作業・批判的思考・創造的思考・貢献です。

21世紀型教育の取り組み

２０１１年に発足した当時は、まだまだ早すぎた感はありましたが、その後新学習指導要領で目指すところなどは、まさに私たちが考えた方向性そのものとなっていきました。世の中の変化は著しく、いま進行しているのは、「第４次産業革命」といわれています。ＡＩやＩｏＴ（Ｉｎｔｅｒｎｅｔ ｏｆ Ｔｈｉｎｇｓ：身の回りのあらゆるものがインターネットでつながる技術）によって、これまでとはまったく異なる産業システムや、見たことのないテクノロジーが生まれてくるだろうと考えられているのです。

そんな社会で子どもたちに求められるのは、「全員が、ＡＩに代替されない思考力・発想力・創造力を身につけ、それぞれが才能を発揮できるようにすること」ではないでしょうか。

21世紀型教育機構の加盟校

アサンプション国際小中高等学校
工学院大学附属中学校・高等学校
香里ヌヴェール学院小中高等学校
静岡聖光学院中学校・高等学校
順天中学校・順天高等学校
聖徳学園中学校・高等学校
聖学院中学校・高等学校
聖ドミニコ学園
聖パウロ学園高等学校
東京女子学園中学校・高等学校
富士見丘中学校・高等学校
文化学園大学杉並中学校・高等学校
三田国際学園中学校・高等学校
八雲学園中学校・高等学校
和洋九段女子中学校・高等学校

（2019年4月1日現在）

20世紀までの産業構造であれば、「知識をできるだけ多くインプットして、それをいかに正確にすばやく引き出すことができるか」という20世紀型教育で対応することができました。でも、これからの社会においては、まったく異なる視点から教育を考え直さなければなりません。

「21世紀型教育機構」では、以下の「共通の教育システム」を持っています。

【カリキュラムポリシー】

（1）探究型学習（ＰＢＬ）…「生徒たちが自分で問題を発見し、それを解決する方法を探し求めていく」という学習方法で、実社会で役立つ問題解決能力を育むことができます。

（2）C1英語…CEFR（ヨーロッパ言語共通参照枠）の上から2番目の能力レベル（いろいろな種類の高度な内容のかなり長い文章を理解して、含意を把握できる。言葉を探しているという印象を与えずに、流暢（りゅうちょう）に、また自然に自己表現ができる。社会生活を営むため、また学問上や職業上の目的で、言葉を柔軟かつ効果的に用いることができる。複雑な話題について明確で、しっかりとした構成の、詳細な文章を作ることができる）を目指すことで幅広い進路選択を可能とします。

（3）ICT教育…第4次産業革命では不可欠な能力と考えられます。

（4）リベラルアーツの現代化…AI社会の中で、自ら判断して動ける人間になるための教養として、哲学と組み合わせたSTEAM（科学・技術・工学・数学）教育をおこなうことです。

（5）エンパワーメント評価…「エンパワーメント」とは「権限を委譲する」という意味です。今までは、学習の順序を定めて習熟度を評価するのは教師の権限でしたが、これを生徒に委譲するのです。「これを知りたい」「これをやってみたい」と本人が興味を持ったところから学びはじめてよいし、その発想力や創造性をきちんと評価します。

【ディプロマポリシー】

それぞれが６年間で取り組んできた学習内容を、きちんと認めてくれるような大学へと進路をつなげること。そして、どんな希望にも対応できるような準備教育を、すべての生徒たちに対しておこなうことです。

２０２０年度の入試改革は、高校と大学の学びをつなげる「高大接続改革」といわれていますが、日本の大学へとつながる教育だけでなく、世界の大学にもつながる「グローバル高大接続準備教育」を行うということなのです。

最近は、アクレディテーション（公的な外部機関による教育機関の品質認証）といわれる学校や授業の評価認証システム、言い換えれば一種の格付けシステムを、自分たちの学校でつくっていこうとしています。

学習指導要領というものがないアメリカでは、学校がグループをつくって「この学校はこんな教育や授業をしています」と認証し、信頼性を確保していますが、これと似たシステムをつくるわけです。

まだ動き出したばかりですが、ゆくゆくは参加する学校を増やし、生徒や保護者にその評価システムを使って学校を選んでもらうことを目指しています。

現在の高校の評価は、まず「偏差値」が金科玉条のものとしてあり、さらに「大学合格者ランキング」が大きくものをいいます。以上二つの数字が高ければよい学校ということになっています。異なる学校評価のものさしをつくらないかぎり、いつまでも偏差値や合格者ランキングの縛りから抜け出すことができません。21世紀型教育機構の加盟校は、そんな新しいものさしづくりにも挑戦しています。

宗教系の学校は、育てたい人間像が明確

21世紀型教育機構の加盟校もそうですが、新しい教育を推進している学校には、宗教系の中学や高校が少なからず含まれていることにお気づきかもしれません。カトリック・プロテスタントのキリスト教や仏教を背景にしており、教団・教会やお寺、著名な宗教指導者が創立に関わった私立学校です。

宗教系といっても、それだけを打ち出せば信者の子弟しか集まらず、学校経営が成り立ちませんから、いまどき特定の宗教を生徒に押しつける学校などありません。校内の一隅に教会や礼拝堂があったり礼拝の時間を設けたりしても、あくまで学校の土台として宗教

があるということです。

カトリック系の香里ヌヴェール学院長、聖ドミニコ学園で働いている私がいうと、我田引水と思われてしまうかもしれませんが、宗教を背景としている学校はそれを大きなメリットとして、ユニークな教育をおこない、よい校風をつくっているところが少なくありません。学校の選択肢に入れるのはとてもよいことだ、とお勧めしておきます。

というのは、どの宗教も「何よりも人を大事にする」ことがバックボーンにあり、それを長い間、説き続けてきました。道徳的に教え込むというのではなくて、それがもともとの土台なのです。だから、同じ私立学校を見ても宗教系のほうが、どんな人を育てたいかという人間像が、はっきりしています。

たとえば新約聖書に、イエスが説教をした後、金持ちが賽銭箱にこぞって献金するなか貧しい者が銅貨2枚を入れた。それを見てイエスが「この人は誰よりもたくさん入れた。金持ちたちはありあまる中から入れたが、持っている全額を入れたからだ」といった――という話が出てきます。金額の多寡でなく人を見よ、といっているわけですね。こんな、それこそ2000年前の見方や考え方が、今日の教育にも反映されています。

カトリックの女子校を見ていると、自分以外の人に奉仕するのがどれほどすばらしいことか、小さいうちからさまざまな形で教え、それが自然に身についている子どもたちが多いことがわかります。

仏教もキリスト教も、長い時間をかけて自分たちの理論をつくって、迫害されたり圧政に耐えたりという厳しい時代を乗り越えて、現在があります。

考えてみれば、人間社会は産業革命以降、人間の仕事を機械に置き換えることをもっぱら推進してきました。ＡＩやロボットも同じ道筋の先にあります。機械を入れるときは打ち壊し運動が起こり、いまはＡＩへの警戒心が高まっています。私たちには「人間とは何か」「人間が本来持っていて機械やＡＩに置き換えられない力は何だろうか」、という問いが突きつけられているわけです。

ところが、「人間とは何か」という問いは、病気や死、迫害や圧政などに直面した宗教者たちが生涯を通じて考え続けたことでしょう。彼らが「これがその答えだ」と人びとに説いたのが宗教というもののはじまりです。だから、宗教が土台にある学校は、先を見通せない予測不能な時代にも大きなよりどころを持っている、といえるのではないでしょうか。

学校を見にいくときの〝目のつけどころ〟

小学校５～６年生がどの中学に進むか考える、あるいは中学校３年生が高校を選ぶというとき、親子で学校を見に行くことは、とてもよいことです。

建学の精神や教育方針、教育内容、進路先、そこに進んだ先輩からの口コミ、学校の教師の情報、通学距離や時間なども参考にしながら、子どもと一緒に実際の学校を自分の目で確かめることが大切だと思います。

学校めぐりは早い段階からゆっくり時間をかけて、とはいえ、あまり肩肘張らずちょっとのぞく感じで、あれこれ訪問してみるのがよいでしょう。同じ学校でも、コースによってカリキュラムや雰囲気がかなり違うことがありますから、この点は注意してください。

文化祭に行くと、その学校や生徒の顔がよく見えます。この肌感覚はとても大事だと思います。子どもによっては、文化祭に出展された鉄道模型にすっかり感動して、この学校の鉄研（鉄道研究会）に入ると決めてしまい、がぜん目の色が変わることだってあるかもしれません。

意外と学校の事情がわかるのは掲示物です。生徒たちの作品を見れば、教師の教育への実際の関わり方がある程度わかります。表面的には「うちは自由な教育で、詰め込みはしません」といいながら、漢字や計算テストの1位2位3位を張り出している学校もあって、学校のパンフレットとは違う一面が見えたりします。教室の黒板の脇に書いてある注意書きなんかも、目のつけどころで、学校や教師の本音がにじみ出ます。

よい学校は図書室がよい場合が多いです。広さや配置や掃除が行き届いているかといった面もありますが、子どもに読ませたいというより親が読みたくなるような新書などが、カウンターに近い動線上あたりに置いてある学校には、ちょっと惹(ひ)かれます。そこに大学の入試問題集やつまらなそうな全集を置く学校は、センスが悪い。この学校推奨本を生徒に読ませたいという妙な押しつけ感のある図書館も、感心しませんね。

毒のある本も含めて、学校が本を大事にしているかどうかは、図書室や司書さんの雰囲気でかなりわかりますから、ぜひのぞいてみてください。

米ミネルバ大学に見る、プロジェクト・ベースド・ラーニング

21世紀型教育機構が積極的に取り組んでいるプロジェクト・ベースド・ラーニング（PBL、探究型学習）は、問題解決のために具体的なプロジェクトを企画し、実現していく

なかで学んでいくものです。

問題を解決する出発点は、社会の重要な課題を発見することです。課題を発見したら、さまざまな情報を吟味してクリエイティブな解決法を探り、最適なものを選びます。そこで実施計画を立てて、実際にやってみます。うまくいかなければ立ち止まって点検し、修正していきます。こうした具体的な活動のなかで学習しますから、みんながただ調べものをして終わってしまうような心配はありません。

現代は、自分にとっても周囲にとっても世界にとっても、何かよいものを求めていかなければならない時代。その何かこそが〝プロジェクト〟であり、そのトレーニングがプロジェクト・ベースド・ラーニングです。これこそを21世紀の学びの中心に置くべきだ、と私は考えています。

究極のプロジェクト・ベースド・ラーニングで全世界が注目している学校があります。高校ではなく大学ですが、ぜひみなさんに知っていただきたいので紹介します。

それは「ミネルバ大学」という２０１４年創立、米サンフランシスコに本部がある４年制大学です。全寮制ですが、キャンパスも校舎もありません。

学生たちは、サンフランシスコ・韓国ソウル・インドのハイデラバード・独ベルリン・

アルゼンチンのブエノスアイレス・英ロンドン・台湾の台北の都市を渡り歩きます。集団で一つの都市にしばらく住んでは、次の街へと移っていきます。

各都市は先進国あり新興工業国あり、南北アメリカあり東アジアあり南アジアありヨーロッパありと多様で、さまざまな独自の問題を抱えています。たとえばインドの都市では水問題が深刻かもしれません。学生たちは、現地でヒアリングをしたり研究施設や学校や図書館などを駆使したりして、問題を探り発見していきます。

現地の企業や自治体、国際ボランティア組織などとコラボして問題解決のプロジェクトを立ち上げれば、学習はさらに深まっていきます。現地でインターンシップ（就業体験）をする学生もいます。

授業はすべてネット。授業料は破格の安さ

ミネルバ大学の授業はすべてオンライン（ネット授業）です。1クラス十数人のディスカッションが中心で、教授はアメリカはじめ世界中からアクセスして、問題提起したり学生たちの討論に突っ込みを入れたり、議論を深めていきます。

すべての授業は録画され、英語音声がテキスト化されます。ノートを取ることに一生懸

命で議論を疎かにする学生はいません。

ミネルバ大学の第１期生は29名ですが、いまは数百名の学生がいて、８割方は海外留学生。創立わずか５年で、世界中から２万人以上の入学志望者が集まり、合格率は２％以下という超人気大学、超難関大学となっています。入学にはネイティブと遜色のない英語力が必要とされています。

管理が必要でおカネのかかるキャンパスや校舎が最初から「ない」ことは、店舗を持たないアマゾンを連想させます。アマゾンで売っているものの価格が安いように、ミネルバ大学の授業料も非常に安いのです。

年間授業料は１万３９５０ドル（２０２０～２０２１年）、寮費は１万０００ドルと、アメリカの名門大学の授業料が軒並み数万ドルなのに対して破格の安さ。なにしろ通信費は、パソコン代や電気代を除けばほとんどタダ。アジアや南米の寮費もリーズナブルというわけです。

興味深いのは、カリキュラムや最新テクノロジーの開発をミネルバ大学の収益部門が担当し、ここがベンチャーキャピタルなどの投資を受け入れ、成果品を各国の大学などに販売して儲ける仕組みです。それを非収益部門のミネルバ大学はタダで使っています。

世界中を移動し仲間たちと同じ釜の飯を食べながら学ぶという得がたい体験は、一生残ります。

「フレッチャー・マフィア」をご存じの方がいらっしゃるかもしれません。マフィアは犯罪組織ではなく、「国際金融マフィア」というのと同様に、特定分野で密接な人間関係に基づく強い力を持つグループの意味。フレッチャーは米マサチューセッツ州にあるフレッチャー法律外交大学院のこと。1学年278人（2018年）のこぢんまりしたスクールながら卒業生の結束が固く、世界各国の政府・国際機関・企業・大学・ジャーナリズムなどに散らばってユニークな集団をつくっていることを指す言葉です。

ミネルバ大学は、A・B軸は当然の前提として、C軸の学習に非常に力を入れていますから、卒業生はC軸人間が多いでしょう。そのうちに「ミネルバ・マフィア」と呼ばれる人たちが、世界中で活躍しはじめるのではないか、と私は見ています。グローバル化やICTにどう対応するかどころではない、まさに世界最先端のグローバル化やICTを体現する大学なのですから。

起業家が「どんな能力が必要か？」と考えて学校を立ち上げる

世界にはすごい学校があるものだと感心しますが、日本にも角川ドワンゴ学園が２０１６年に開校した「Ｎ高等学校」というユニークな高校があります。

沖縄県うるま市にある通信制の高校で、いま全国で１万人以上の生徒が学んでいます。同学園は、ＫＡＤＯＫＡＷＡ（旧角川書店）と、その子会社となったニコニコ動画で知られるドワンゴが設立した学校法人です。

ネット授業が中心ですが、東京・大阪・横浜・大宮・千葉・名古屋・福岡キャンパスなどに通学コースもあります。各地の自治体と連携する職業体験、ドワンゴが主催するニコニコ超会議・ニコニコ町会議・ニコニコ超パーティ・闘会議（幕張メッセで開かれるゲームとファンの祭典）といったイベントと連携するＮ高文化祭などもおこなっています。

ミネルバ大学の１００％プロジェクト・ベースド・ラーニングやＮ高のネット授業は、起業家たちが「これからの世の中では、どんな能力が必要か？」と考えて提供しているものですね。これに対して多くの高校の授業では「大学入試に受かるには、どんな能力が必要か？」と考えてやっているものです。

20年先、30年先にどちらのほうが役立つか、私たちは真剣に考える必要があります。

日本に将来、ミネルバのような大学が登場することもありうるでしょう。角川ドワンゴ学園は、そんなことを模索しているかもしれません。

日本の学校教員は、世界でも異常なほどの働きすぎ

新しい学校が徐々に登場するなかで、日本の教師たちは、非常に苛酷な状況に追い込まれています。この章の最後に、触れておく必要があるでしょう。

OECD（経済協力開発機構）が19年6月に公表した「国際教員指導環境調査」の結果は、日本の教師たちが、世界でも異常というほかないほど働きすぎの状態にあることを改めて示し、各方面に大きな衝撃を与えました。

加盟国36か国を中心に計48か国の中学校教員（一部は小学校教員）の勤務環境をアンケート調査したもので、調査時期は18年2～3月。日本では200校弱の校長と約3600人の教員が回答しました。

調査結果によると、日本の中学校教師の仕事時間は週56時間（前回13年の調査では53・9時間）で、全体平均の38・3時間を大幅に超過しています。しかも、授業に充てる時間は、全体平均の20・3時間に対して、日本は18時間にすぎません。

週あたりの課外活動指導時間は、全体平均1・9時間に対して日本7・5時間。同じく

週あたりの一般的な事務時間は、全体平均2・7時間に対して日本5・6時間。

日本の小学校教師の仕事時間は週54・4時間ですが、調査した残り14か国・地域で50時間に達するところはありません。

正直、本音をいうと、部活動（課外活動）は、もう学校が請け負うのは厳しいと思います。部活自体が悪いわけではなくて、むしろよい点もいっぱいありますが、そもそも教師のオーバーワークを招きがちですからどうしようもありません。部活は学校の教師から切り離して、ほかの人が指導するしかないかなと思います。あるいは、学校自体から切り離して地域のクラブチームに担ってもらうことはできないかなと考えたりします。

そんな状況のところに「働き方改革」をせよと迫られ、さらに大学入試改革（大学入学共通テスト）や教育改革（学習指導要領改訂）がはじまり、これからは「思考力・判断力・表現力」だ「学びに向かう力・人間力」だといわれているわけです。学校教員は、やらなければならないことが山のように増えて、身動きが取れません。

生徒や保護者がもっと面倒を見てほしいと思い、教師も子どもの面倒をもっと見たいと頑張り、結局面倒見すぎて、パンク寸前になってしまった。宅配便ドライバーの話が問題になりましたが、同じような問題が教育の現場で起こっています。

実際、もう仕事を減らして効率化を図る以外に手がないところまで事態は進んでいる、と私は見ています。

ブラック教員・ブラック学校を就職先として敬遠

「ブラック企業」という言葉が人口に膾炙（かいしゃ）していますが、「ブラック教員」「ブラック学校」問題が深刻化している、ともいえます。

学校教師のなり手も減っています。２０１８年度の小学校教員採用試験の倍率は3倍強で、就職氷河期で公務員人気が高かった２０００年度（12・5倍）の4分の1まで落ち込んでしまいました。落ち込みの原因は、景気がよく民間の就職が好調なせいもあるでしょうが、ブラックイメージが強いからという理由のほうが大きそうです。

先日、学生同士のこんな会話をたまたま座った喫茶店で耳にすることがありました。二人の女子学生の会話でしたが、一人が教育系の就職を考えているという内容で思わず、耳をたてて聞いてしまいました。

「教育のあり方やシステムを考えていくなら、教育産業がいいわよね」

「子どもたちに授業を教えるのであれば、福利厚生もしっかりしている大きな塾がいいと思う」

「行事とか部活とか全般的に子どもたちの面倒をみるなら学校がいいんだけど」

「でも、教育実習に行ってわかったんだけど、学校の仕事は超忙しくて、ついていくのは大変。正直ブラック状態よね」

この会話ですが、教育に興味ある大学生によく聞く話とだいたい一致しています。

大きく変化しようとする世の中に対応し、大きな変化が必要とされる学校の担い手は、どうもなかなか門をたたいてくれない状況なのです。

プロジェクト・ベースで物事を考える教員が少ない

私が採用の面接で学生から聞きたいのは、次のような言葉です。

「いまの日本の状況で、教育に求められているのは、これこれの問題ではないか、と思う。それに対して、自分はどんなことができるか考えた。だから、この学校に入ったらこんなことがしたい」

プロジェクト・ベースで物事を考え、自分はこういうことを生み出したいのだと主張すること。新しい学習指導要領の３本柱の一つ、「未知の状況にも対応できる『思考力、判断力、表現力』」が、まさにこれに当てはまっています。

しかしながら、今の学生はこのような力をつけるような教育は残念ながら受けてきてはいないのです。世代的には、総合学習を学んできた世代ではありますが、前にお話ししたように総合学習は「未知の状況にも対応できる『思考力・判断力・表現力』」を身につけるレベルまで達していなかったと考えられます。

「いわれたことを、いわれたとおりにきちんとやりなさい」といった考えがベースの教育を受けてきた学生が多いのだと思います。

「どんな教育をやりたいですか？」

「子どもたちのためなら、どんなことでもいわれたことを全力でやります」

面接でよくある会話ですが、どうも違和感があります。

未来の社会を生きていく子どもたちのことを本当に思うなら、既存の教育のあり方をクリティカルにみて、新しい教育環境をつくっていこうとする若い人たちに、ぜひとも仲間になってほしいとエールをおくりたいと思います。

第4章　こうすれば子どもの学力は伸びる

——子どもを型にはめて、伸びる芽を摘んではいけない

「面倒見のよさ」にひそむ危険

第4章では、子どもたちの〝真の学力〟――たんなる勉強力や合格力ではなく、激変する時代、「未知の状況にも対応できる思考力・判断力・表現力」を伸ばしていくにはどうすればよいか、についてお話ししていきます。

前章では子どもたちを取り巻く学校、生徒・保護者・教師三位一体の「このままでいい」という考え方、最近の新たな私学の動き、ミネルバ大学やN校のきわめて斬新な教育、捨てておけない教育現場のオーバーワークなど、学校に関するさまざまな問題を取り上げました。生徒に目標を与える学校や教師の面倒見がよすぎることが、じつは問題だとも申しあげました。

「面倒見がよすぎる」ことが、じつは問題。

ここにこそ、いまの教育現場において、もっとも難しい問題がひそんでいます。問題とは何か。それは、「面倒見のよさ」が、生徒たちの「行動力」と「想像力」を奪ってしまっているのではないか、ということです。

前章で述べたように、教師が生徒たちに「目標」を与えてマイルドな管理をする。子どもたちは、与えられた目標に対して思考停止のまま取り組んでいる状態です。一見よいように感じるかもしれませんが、自らの意志で行動しているとはいえないでしょう。子どもたちにとって「生きる力」は身についているのか。という疑問が残ります。

「想像力」がどのようにして「面倒見のよさ」の中で失われていくのか、そしてどんなことに気をつければ、失われずにいくのかを、この章では取り上げていきたいと思います。

「なぜだろう」「こうだったら面白いのに」が失われる

とりあえず、ここでは、「想像力」を「なぜだろう」「こうだったら面白いのに」といった言葉として考えてみます
本来、小学生であれば、物事に対して、「なぜだろう」とか「こうだったら面白いのに」という言葉を発することは、ごく自然なことです。
この言葉が出続けることは、人生においてとても重要だと思います。中学生や高校生になってもこの発想をもって授業に取り組んでもらいたいし、大人になっても、仕事やプライベートで持ち続けたい言葉です。
仕事で会議をしているときに、提案に対して「なぜですか？」と聞かれたり、ブレイン

ストーミングをしているときに「～だったら面白いですよね」といった言葉を勇気を持って発言したりすると、停滞した空気が一掃されて、新しいアイデアが浮かんだりすることはないでしょうか。

しかし、授業の場では、学年が上がるにつれて、この言葉を発しにくい雰囲気になっていくのです。

授業で重視されるのは、「シンプルに」「わかりやすく」「テストで点を取りやすい」ことです。子どもたちが、疑問を持たず、余計なことを考えずに、テストで点が取れる、そんな授業が展開されがちです。点数が取れることで、達成感や肯定感が高まり、学習意欲も湧いていく、そんなサイクルをつくってあげようという面倒見のよさです。

そのサイクルで、子どもたちは、「なぜそうなるの」という問いを発しやすいでしょうか。あるいは、「こうだったら面白いのに」といったコメントを出しやすいでしょうか。教師からすると、できたらこのような発言も大事にはしたいと思うものの、授業を進めていく上で、子どもたちの理解を妨げてしまうのではないか、あるいは、脱線してしまって思ったようにカリキュラムを消化できなくなってしまうのではないかという心配のほうが、先に立ってしまいがちです。

点数を取りたい、点数を取らせてあげたい、できることなら点数を取ってほしいという、子どもと教師と保護者の三者の思いが重なると、「なぜだろう」「こうだったら面白いのに」という発言が残念ながら授業では聞かれなくなっていくのです。

点数を学習のゴールとするのは、ここまでお話ししてきた「勉強力」でしかなく、この本のテーマである「新しい学力」ではありません。

考え方や原理より、計算のフォーマットが重要な日本

昔の学校には「そんなバカげた公式を覚える必要はない。自分の頭で工夫して解きなさい」という教師がいたものです。それに対して、塾や予備校が「いや、こっちのほうが、間違いなく早いし得だよ」と公式を教えていました。

ここで考えたいのは、学校と塾・予備校はその役割が違うことです。学校は、試行錯誤させながら考える力を育む場であり、塾・予備校はテストというゴールに効率的に到達することをトレーニングする場です

残念ながら、最近は学校でも、テストというゴールをかなり意識するようになったことで両者の垣根が低くなってきたことです。そして、その結果、塾や予備校が、本来学校が

になうべき、試行錯誤しながら考えるような場をつくらざるを得ない状況となっているのです。

読解力のところで、日本は江戸時代から「読み書きそろばん」を重視してきたとお話ししましたが、計算に対する日本の考え方は、たとえばアメリカあたりと比べると、かなり異なっているように思えます。

アメリカは、計算よりもその手前、どうやったらそうなるかという原理のところにこだわる一方で、そこから先の計算は「計算機を使えばいい」という考えでしょう。日本は、計算のフォーマットはこうであって、その計算をいかに早く、正確にやるかが重要であるという考えです。

日本のそろばん教室で「願いましては……」とやっているのを見ると、感心します。暗算が得意な日本人は、店でさっとおつりを計算したり、切りよく50円や100円玉のおつりをもらおうと代金に端数を足してレジに出したりします。ほかの国の人にはなかなか難しいようで、これもたいしたものです。

しかし、世はコンピュータ時代でＡＩ時代。何億×何億という計算は、誰でもコンピュータで瞬時に正解を出せます。そろばんの有用性が失われてきたことはたしかでしょう。

計算の速さや正確性を競うよりも考え方や原理を重視する方向に、つまりはA軸からB・C軸へと、世の中は転換しつつあります。

公文式のようなトレーニングと思考力を、どう両立させるか

みなさんよくご存じの「公文式」という学習指導法があります。高校の数学教師だった公文公（とおる）さんが１９５８（昭和33）年に大阪に事務所を開いて普及させていったもの。日本国内では、学習者159万人、１万６２００教室、教室指導者１万４１００人。海外でも52の国・地域で、学習者２６９万人、８６００教室、教室指導者８３００人という隆盛ぶりです。

公文式は、もともとは公文さんが自分の子ども用につくった計算問題のプリントがルーツ。どの子も自分ができるプリントから始めて、すべて正解したら次のプリントに進むので、伸びる子も遅れがちな子も、自分のペースで自学自習ができます。「誰でもできるようになる」という点では非常によく工夫された教材で、日本の教育界が生み出した指導法の〝大傑作〟といえます。

単純な問題が速く正確に解けるようにトレーニングを繰り返し、子どもたちみんなのレ

ベルを上げていくことは、高度経済成長期にピタリとマッチする考え方。だから、かつての日本のような新興国や発展途上国で、とくに受けているのでしょう。

ただし、子どもが「先生、この解き方ではダメなんですか？　同じ答が出ると思うんですけど」と言い出すような思考の広がりや深まりは、基本的に求めていないシステムだと思います。

だから、公文式で基礎的なトレーニングを積み、知識や技能をしっかり身につけたうえで、自由な思考ができるようになればよいですね。

計算は速くて正確というトレーニングだけに終わってしまえば、思考力・判断力・表現力は身につきません。そうなれば思考停止で、やっぱり子どもたちの多様で柔軟な芽を摘む結果がもたらされるでしょう。

経験豊富な教師の意見を聞くと、

「そろばんや公文式のようなトレーニングと思考力の醸成は、折り合いをつけていくことができると思います。『いまは授業でこの考え方をやっているけど、そっちのトレーニングでもいいよ』というように、バランスを考えながら両立させていけばいい。このやり方をうまくできる教師がもっと増えればよいですね」

と話してくれました。

保護者こそが、子どもたちの芽を摘まないでほしい

ここまでお話ししてきたような教育現場の現状で、学校が変わるまで待っていられない、という気がしてくる保護者のみなさんが多いのではありませんか。

実際、あっという間に、うちの子は中学出ました、高校出ました、大学出ました、子ども（つまり孫）が生まれました、なんて話になってしまいそうです。

だからこそ、保護者のみなさんがいち早く覚醒して、子どもの豊かな発想の芽を摘まないようにしてください、と私は声を大にして申しあげたいと思います。

この本を読んでくださっているのは、学校の教師だけでなく、高校生・中学生・小学５～６年生といった子どもをお持ちの親御さんや保護者の方が多いでしょう。

両親がそろっている家庭、両親はいても単身赴任などで事実上片親に近い家庭、離婚・事故・病気などで片親の家庭、両親はおらず親戚が子どもを育てている家庭など、世の中にはさまざまなケースがあります。

幼くして両親を失い施設であるいは親戚に育てられたという子どもで、歴史に残るよう

な立派な業績を上げた人は枚挙に暇がありませんから、まさに〝親は無くとも子は育つ〟のでしょう。とはいうものの、やっぱり私は、親や保護者が子どもの教育に果たす役割は、きわめて大きいと考えています。

「母子相互作用」という言葉がありますが、胎内にいる赤ん坊に落ち着いた心持ちで接し、話しかけたり歌をうたったりすることに、メリットはあってもデメリットなどあるはずがない、と素朴に思います。

世界がまだ広がっていない子どもにとって、親や家族がつくる環境は非常に重要で、肌と肌が触れあうような肌感覚は、とりわけ大切でしょう。

親御さんや保護者に私が申しあげたいのは、

「お子さんを愛して大事に育ててください」

「できるかぎり深い愛情を持って子どもと接し、あなたを愛しているよ、いつだってあなたの味方だよということを、必ずしもその言葉を使わなくてよいから、つねに伝えつづけてください」

ということです。当たり前すぎるいい方かもしれませんが、心底からそう思います。

中学生になって反抗期になった子どもに対しても同じことです。よく保護者の方からどんな話を子どもにすればいいですか、と聞かれますが、私は右の言葉をよく伝えるようにしています。「あなたのためだから」と理屈を持って多くの言葉を並べても、その言葉がなかなか心に落ちていかない時期です。でも、心は通じますので、いつかはわかると信じていてください。

子どもを「指導する」ことと「大事にする」ことは違う

誤解してほしくないのは、「大事にする」とは、困っている子に解決策を示して負担を軽くすることではない、ということです。子どもが自分で考えて解決しようとしているときは、子どもの力を奪わないように、介入せず辛抱強く見守ってください。

とくに男の子のお母さんに多いと感じるのですが、たとえば、高校受験の教育相談のときにお母さんと男の子がブースに来て、「高校に行ってどんなことしたいの？」とか「中学校の成績はどんな感じ」と私が聞くとします。

そのとき「えーと……」と男の子が何かいおうとしているそばから、隣にいる母親が子どもへの私の質問を勝手に引き取って、代わりに答えてしまうことが、ものすごくよくあります。思い当たる節のある方は、いらっしゃいませんか？

そうはいいませんが、「いや、私はこの子と話がしたいと思って話しかけたんですよ。ちょっと黙っていてくれませんかね」といいたくなって、ムズムズします。

母親と男の子の関係はだいたいそうで、なんでもかんでも母親が守ろうとしすぎではないでしょうか。些細なことですが、これだって、子どもの考える力や表現する力を奪い、子どもの芽を摘んでいるのです。

よくないと思うのは、教育現場の話で申しあげたことと同じですが、「子どものため」という気持ちで、何かにつけてアドバイスをすることです。もちろん危険なことや間違ったことをしたら、厳しく叱ってしつければよい。でも、それは〝保護監督者〟としてではなく、一緒に暮らす人生経験豊かな〝先輩〟くらいのスタンスでいいのではないか、と思います。

指導とは、ある方向を指して人を導くことです。私も教師ですから、どうしても生徒を指導をしたくなってきます。親も子どもをさぞかし指導したいでしょう。しかし、子どもや生徒は、指導すればするほど独自の考えや工夫をなくし、自ら行動する主体性を失っていくものだ、と私は思います。

指導は、いまある知識や理解からすることですから、思考コードでいえばA領域。そこから出ないようにと指導するのだから、A軸人間をつくるいちばん簡単な方法です。

「あなたは、こうしたほうがいいよ」といえばいうほど、子どもは考えなくなります。これは「大事にする」こととは別なのです。家でも学校でも社会でも指導ばかり続けていけば、結局は何も自分から動くこともできず、判断することもできない人間になってしまいます。

先回りして障害らしきものを排除してはダメ

子どもたちの芽を摘まないために、保護者はどんなことができるでしょうか。

目的を与えて、ただ勉強させるだけではなく、子どもたちに考えるきっかけを与えるような教育をしている学校や教師を選ぶことも、その一つです。

しかし、子どもがもっと小さいころ――それこそ赤ん坊や幼児のころから、できるかぎり芽を摘まないように接するべきだ、と思います。

一つには、とにかく〝先回り〟をしないことが大事です。当たり前の話ですが、保護者というのは、子どもが直面するだろうことを、だいたい自分もやったことがあります。それで、自分が苦労したり失敗したりした経験があります。

だから、子どもが迷う、悩む、試行錯誤する、つまずくといった場面になるべく遭遇しないように、事前に手を回して、障害らしきものを排除してしまいます。そんな先回りを、なるべくしないことです。

さきほど触れた、子どもへの質問に代わって答えてしまう母親もこの先回りでしょう。さあ、どんなことを答えるかしら、とわが子を観察するくらいの余裕がほしいですね。

こんな難しい話を子どもにしてよいか、あまり気にする必要はないように思います。というのは、子どもは頭が柔軟で、まさにスポンジのように何でもかんでも吸収します。嫌がれば話は別ですが、興味を持って聞くのであれば、別に幼稚園の子に「宇宙はどのようにできたか」を話したってかまわないでしょう。

人間が知らなかったことを新しく知るのは絶対、大きな喜びのはずです。いろんな話をすればいいと本当に思います。話したことが役に立つか役に立たないかは、後のちの問題であって、どうでもいい。

自分が持っているさまざまなことを子どもに伝えることで、世の中は進歩発展してきました。子どもが何歳だろうが、親子は真剣に対話すればよい、と私は考えています。

「なんでできないの？」という言葉

もう一つ大事なのは、実際に子どもが迷ったり悩んだりしているとき、すぐ口や手を出さずに、寄り添いながら見守ることです。

いちばんダメなのは、「なんでできないの？」という言葉です。この言葉は、保護者の辞書から削除してしまったほうがいい、と私は思います。

保育園・幼稚園や公園などで、何人かの子どもたちが同じことをやっているとき、工夫してスイスイできる子もいれば、なかなかうまくいかない子も、できなくて泣き出す子もいるでしょう。見ている親としては、ほかの子ができるのに自分の子ができないとき、「あなた、なんでできないの？」といいたくなる気持ちはわかります。

しかし、口にしてはダメです。「なんでできないの？」は、できない理由を聞いているようで、じつはできないことを咎（とが）めている言葉。だからダメなのです。

ただ、「なんでできなかったの？」とまったく責めることなく問うことができる親子関係なら素敵だと思います。「なんで」は英語でいうとＷＨＹ、本来は理由を聞くことで思考を深めることができる問いかけなんです。子どもが自分の行動を振り返って、ここ とここが足りなかったとリフレクションができたら最高ですよね。
たとえば定期テストは、点数という結果ではなく、自分の学習への取り組み方や理解度を確認するためにあるのではないかと思います。

　ほかの子と比べたうえで口にする点もダメです。徒競走のスタートがうまく切れず、一人だけおいてけぼりになったとしても、そんなことはその子の長い人生に一瞬訪れた、どうでもよいことです。その子がほかの子より劣る証拠にはならないし、人生も左右しません。そもそも咎める意味がない、取るに足らないことなのです。

　にもかかわらず隣の子と比べるのは、途中のプロセスを一切無視していますから、1点でも上のほうがよいと結果だけを求める悪しき教育と同じです。

　子どもは、人と何かをやったときは、当然その結果を気にします。友だちより劣っていると思えばとても傷つきます。そこを親が指摘すれば余計に傷つくのです。結果に関しては、よかったときも悪かったときも、プロセスを振り返れるようにしたいものです。他人と比較するのはやめましょう。

「いやあ、頑張ったけど惜しかったねえ。どんな気持ちがした?」と、子どもの気持ちをそのまま問うのはいいと思います。

これは頑張った、あるいは頑張ろうとした子どものなかにある何かを引き出そうとする言葉で、親子が対話するきっかけになります。

小学校、中学校と進むにつれて、子どもは心配や悩みを持ち、失敗や挫折を重ねていくでしょう。「そうか、できなかったか。いいよ、できなくたって。で、どんなこと考えたの？」「あのとき何もいわなかったけど、何かいいたいことがあるんじゃない？」と子どもの体験を引き出してあげることは、とても重要です。

少年少女に特有の悩みもあるでしょうし、子どもは何かいいかけて、口ごもってしまうかもしれません。そういうときは無理強いをせず、「今日はよく考えたよね。でも、頭のなかがモヤモヤしているんだったら、それでいいじゃない」と話を打ち切って、早急に答えを求めないことです。

ただ、「私は、そういうあなたを認めているから。いつでも味方だから」というこちらの気持ちを伝え、寄り添っていることをわからせて、安心させるのがよいと思います。

子どもは、何かいいたくても、まだ考えを蓄えている段階で表現できなかったり、考えが思考・判断・表現の間で行きつ戻りつして時間がかかったりするものです。その子を待つことが我慢できない保護者は、答えを教えてしまう。このことがたび重なると、子どもは「また教えてくれる」と思って、だんだん考えなくなっていきます。

「学習してもどうしようもない」と思う子どもたち

ここまでお話しした、一見すると回り道にも見える子どもたちへの接し方こそが、子どもの芽を摘むことなく、子どもが自分で考え、思考力・判断力・表現力を身につけていくことにダイレクトにつながります。

こういう育て方をしていれば一事が万事、小中高校と進んでいくさまざまな局面で、子どもも保護者も、学校や塾・予備校、あるいは世間の大勢や当たり前とされる〝常識〟に流されることなく、自立した選択をしていくことができるでしょう。

子どもの真の学力を伸ばすことにどのくらい効果があるか、知りたいと思われるでしょうが、効果が数値化できないことはおわかりですね。

みなさんご存知のとおり、世の中では点数化されるものもあれば、点数化できないものもあるのです。

いずれにせよ、小学校以前の家庭における子どもとの接し方はとても大事です。子どもが最初に本格的に受ける小学校の教育も非常に重要です。小学校で型にはめられてしまうと、取り返しがつかないとはいいませんが、固くなった頭をほぐすのがたいへんです。

算数のドリルを一生懸命やらせた小学生は、学校のテストでも95点や１００点を取るようになる。保護者は「すごいね。よかったね」とその結果ばかりほめる。子どもは１００点さえ取ればいいんだと思い込む。その陰で子どもの思考力が奪われ、子どもが一歩一歩〝A軸人間〟化しているかもしれないことを、保護者のみなさんはつねに忘れないでほしいと思います。

教育に長年たずさわった私が、なんとも悲しいのは、中学校の段階で、これまでの勉強で学習へのモチベーションが失われてしまっているケースです。

とくに、中学受験でうまくいかなかったと思って入学してくる生徒たちは、かわいそうです。受験はどうしてもテストの点数だけしか評価されません。どのくらい努力したかも評価されませんし、もっというと、前にもいったように、「なぜだろう」「こうなったら面白いのに」と教科に対して感じる余裕がなくなっていくのです。勉強力と学力は違います。入学した学校で学力が身につくように学習に取り組んでほしいものです。

高校の段階になるともっと悲惨な状況となります。中学校でテストの結果がふるわなかった生徒は、往々にして、いくら勉強しても何をどう学んでも、そのことで自分の人生はもう何一つ変わらないと思っています。彼らはテストで単位を取るだけの勉強しかしないし、何か結果を出そうという意欲もない。考えたり表現したりすることを、楽しいと思っていません。

この子どもたちは結局、勉強力や合格力を〝真の学力〟とはき違え、結果だけを重視して思考力を奪う教育が生みだしたのだ、というべきでしょう。そうなってしまったのは、けっして子どもたちのせいではない。保護者や学校の教師をはじめとする大人たちがそうさせたのだ、と思ったほうがよいのです。

子どもを育てるのに重要な視点

香里ヌヴェール学院で次のようなことをよく教師に話しています。

「香里ヌヴェール学院の教育は、生徒たちの自己肯定感を育み、『MAN FOR OTHERS』の精神をもとに、自分がやりたいことをみつける教育である」と。

この話は別に香里ヌヴェールでなくても今後の教育に相通じる話です。

「自己肯定感」に関して、日本の若者は他国の若者と比べて自己肯定感が低いというデータをみることがあります。

これはどういうことでしょうか。

一つには、他国と比べて日本人は、結果に関しては謙虚に受け止めるという精神性があると考えます。１００点満点のテストで80点を取ったときに、「80点も取ったのすごい」と考えるのか、「あと20点の部分が取れれば１００点だったのに」と考えるか。

もちろん後者が日本人ですが。とにかく、謙虚でまじめな国民性であると感じます。

もう一つには、成熟社会になったからでしょうか。開発途上の国に行くと、とにかくエネルギーにあふれていることを感じます。まだまだ発展の途上なので、失敗もおそれずどんどん新しいことにチャレンジしていこう、失敗したらしたでまた新しくやりなおせばいいや、といったマインドを強く感じます。

どことなく昭和の元気だったころの日本を思い出します。上に上にと向かっていくエネルギーが落ち着いた日本の社会では、社会の成長の中に自分自身が存在するという感覚を持ちにくいのではないでしょうか。

成熟社会のなかで、社会が成長しないとなると人びとの感覚はどうなるのか。自分自身の成長を客観的に見つめるしかありません。いわゆるメタ認知ではありますが、これはなかなか難しい、となると他者との比較の中で自分のポジションを確認する、これはこれでやっかいな感情です。

朝井リョウさんの『何者』という本を読みました。就職活動中の若者の心の内面をえがいた本です。仲間同士、表面的にはかなり仲良く認め合ってやっていると思われた登場人物の内面はじつにおそろしい、というかそうなのか、といった感じでした。

この本は、「いまの若者の内面を知りたいならこの本がいいですよ」と薦められたものです。よろしければ読んでみてください。

自己肯定感。どうしたら、自分を肯定できるのか。それは、家族に愛されて、仲間がいて、という段階からもう一つ段階を上げなくてはなりません。

もう一つ上の段階とは、自分が社会の中で役に立っている、役割があるという感覚です。この感覚を持つのが難しいと感じます。この感覚でやっかいなのは、なかなかそれを自分自身で感じられないことです。

ですから、大人の役割としては、子どもが何か役に立つ存在であると思えるとき、積極的に声をかけてあげるのがよいと思います。それは決して、すごいことでなくていい。リーダーシップをとってクラスのイベントを盛り上げたといったレベルでなくてもいいのです。頑張っている人にすごいねと声をかける。いまどきでいえば、フェイスブックで「いいね！」というボタンを押すことであってもいい。そんな行動をしているときに大人が声をかけてあげるだけでもいいのです。行動に移せなくても、「君はなかなかうまく表現できないかもしれないけど、周囲のことによく気をつかっているね。自分ではわからないかもしれないけど、それは相手には必ず伝わっていくと思うよ」といった感じです。

いかがでしょうか。

自己肯定感が持てれば、「MAN　FOR　OTHERS」の気持ちを持ちやすくなります。「他者のために」は別にキリスト教でなくても普通に大事にしたい感覚です。日本の若者をあらわすデータとして、「社会貢献」の意識は他国の若者と比べても非常に高いという数字もあります。自己肯定感が高まれば、社会貢献をしたいと若者は素直に感じるようです。

私などはどうしても〝昭和人〟的な考えが強く、よりよい価値観が自分の根底にあると感じています。どうしても、自己実現的な満足感にひたりやすく、それはブランド品や高価な物で実感するといった感覚です。さすがに最近は50代後半になり、そんな感覚も薄れてはきましたが。

社会貢献というキーワードからすると最近の高校生、そして若い先生たちがとても興味を持っているのは、国連から出されているＳＤＧｓ（持続可能な開発目標）です。ここには２０３０年を迎えるにあたって達成しなければならない項目が17のテーマであげられています。

『自分ごとからはじめよう　ＳＤＧｓ探究ワークブック』（ｎｏａ出版　２０１９年6月刊）という本を紹介しましょう。香里ヌヴェール学院の池田靖章中学校・高等学校校長（現役最年少34歳の新校長です）らが書いています。

その「おわりに」に、こう書かれています。

「２０３０年は一体どんな世界になっているのでしょう？　果たして、我々が目指す世界になっているのでしょうか？

もしかすると、想像以上に世界がより良いものになっているかもしれません。ただ、今のままでいくと確実に厳しい状況が待っていることでしょう。

国連の試算では世界の人口は85億人に達すると言われています。

「誰一人取り残さない」そんな世界になっていてほしい。きっと皆さんもそう思っているのではないでしょうか。

「そんな中、私たちに何ができるのだろう？」

SDGsの17の目標

1
貧困を
なくそう

2
飢餓を
ゼロに

3
すべての人に
健康と福祉を

4
質の高い教育を
みんなに

5
ジェンダー平等を
実現しよう

6
安全な水とトイレ
を世界中に

7
エネルギーをみんなに
そしてクリーンに

8
働きがいも
経済成長も

9
産業と技術革新の
基盤をつくろう

10
人や国の不平等
をなくそう

11
住み続けられる
まちづくりを

12
つくる責任
つかう責任

13
気候変動に
具体的な対策を

14
海の豊かさを
守ろう

15
陸の豊かさも
守ろう

16
平和と公正を
すべての人に

17
パートナーシップで
目標を達成しよう

SUSTAINABLE
DEVELOPMENT
GOALS
2030年に向けて
世界が合意した
「持続可能な開発目標」です

その気持ちが本書を作るきっかけとなりました。まさしく「自分ごと」です。「自分ごと」とは、その言葉通り、当事者意識を持って向き合うことです。人は自分と結び付けた関連性の高まりによって、関わり方を決めます。（中略）我々は宇宙船地球号に乗っています。みんな地球人にとって自分ごとであることは紛れもない事実です」

まさに、未来を生きる人の力強いメッセージです。

フェイスブックを見ていると、教師によるSDGsを教育にどのように取り入れるかといった研究会の情報が流れてきています。また、自分の学校だけではなく、他校の生徒も巻き込んだSDGs関係のイベントも行われています。まだ国境を越えたイベントは少ないですが、ネット環境も向上した今日、現代の「地球防衛軍」的な多国籍の動きは拡大していくのではないかと思うのです。

「自己肯定感」を持って「社会貢献」。そして最後に来るのは、そのなかで「自分が何をやるのか」です。

これが、ある意味、人生のなかでいちばん難しく、でも楽しいことなのかもしれません。無理に見つけなければならないものでもないし、いつ見つかるのかも個人差が大きいかもしれません。見つかったと思っても、実際やっていくうちに違和感もあれば、変わることもあるかもしれません。

私自身も「教育」という「やりたい」と考えた道に入ることは運よくできました。しかし、年をとるにつれて「教育」のフィールドの中でも「やりたいこと」は何かということに悩むことは常日頃あります。

生徒たちは、生きていくうえで、「自分は何者なのか」「自分はどこから来てどこに行くのだろうか」「自分は本当に何をやりたいのか」と思い続けているのだと思います。可能性は無限大です。

では、大人は何をすればいいのでしょうか。

私は、自分自身が「探究」したもの、突き詰めたもの、突き詰めようとしていることを子どもたちに示していくことではないかなと感じます。家庭でいえば、親の仕事かもしれません、生きる姿勢かもしれません、何かこだわった趣味や思想なのかもしれません。学校であれば、教師が授業で扱う内容でこだわりを持っていて突き詰めようと日ごろから研究しているものかもしれませんし、その生き方なのかもしれません。

ここでいいたいのは、子どものためにと考えた話が案外響かないことです。それよりも大人の生きる姿から子どもが学ぶことは多いのです。

ですから、特別なことをせずに、自分の人生を楽しんで生きて、背中を見せてあげてください。

生徒たちは、いつどこで「自分がやりたいこと」に出合うかは決してわかりません。ただ、長い経験からわかるのは、こちらが意図したことではなく、でもふとした一瞬に生徒は何か人生に関わってみたいものを見つけることが多いということです。

観点をしっかり持とう

教育を実践するなかで感じるのは、意味のないものは何もないということです。どんなことも何らかの意味はあり、教育を受ける側が何かを得るものはあります。極端な例とするならば「反面教師」といった言葉もあるくらいです。

大事なのは、観点を持つことです。

私の考える教育の観点は四つあります。

WHAT（何を）、HOW（どうやって）、WHY（なぜ）、そしてHOW MUCH（効率性）です。

四つというか3＋1というか。

ＷＨＡＴ（何を）はコンテンツです。授業だったり、部活だったり、行事だったり。

ＨＯＷ（どうやって）は方法論です。どうすればよりよいものになるのか。

ＷＨＹ（なぜ）は目的です。何のためにやるのか。

例をあげてみます。

ＷＨＡＴ（「定期テスト」）であれば、ＷＨＹ（何の目的）でやるのか、ＨＯＷ（どの科目をどのくらいの範囲）でやるのか。

ＷＨＡＴ（ある行事）であれば、やはりＷＨＹ（何の目的）でやるのか、ＨＯＷ（どんな内容をどのくらいの規模でどのくらいの準備）でやるのか。

といった具合です。

最近、教育現場でよくいわれることは、ＷＨＹ（目的）の部分が明確ではなく、ＷＨＡＴ（やること）がありきで、ＨＯＷ（全力）でやる、といったサイクルで物事が進みがちであるということです。

定期テストであれば、ＷＨＹ（本来の目的が考えられず）に、ＷＨＡＴ（前例通りの科目設定・期間設定）で、ＨＯＷ（全力）で取り組むといったサイクルです。

学校では一事が万事、前例通りで、何のためにやっているのかわからないけれども、全力で取り組まなければならないといったことが、残念ながら行われがちです。たとえば、文化祭には、本来しっかりした目的があったはずです。しかし、その目的が忘れられてしまうと、「今年も昨年よりもいいものに」といった感じで、全力で頑張りなさい、ということになってしまいます。

こう考えてみると、いま一度WHAT、HOW、WHYという三つの観点を整理しなおすことが大事だと思います。ここで忘れてはいけない観点がもう一つあります。HOW MUCH（効率性）です。

私は、このHOW MUCHの観点が、もっとも重要であると考えます。時間は誰にとっても有限です。子どもたちにとっても教育に関わる大人たちにとっても、両者にとってもっともよいやり方を考えるために、効率性を頭においておく必要があります。

さて、この話をすると理屈はわかるけど、どうしたらいいのか、という声が保護者の方や現場の教師から聞こえてきそうです。

四つの観点にそって、そもそもから再定義できるのは一部のリーダーでしかなく、子どもたちにとっては日々の生活が待っています。

ですから、私が思うのは、HOW MUCHの観点をつねにベースにおきつつ、やること（ＷＨＡＴ）は大体決まっていますので、目的（ＷＨＹ）を大人が整理してあげて、どのように（ＨＯＷ）やれば最適かを子どもたちに考えさせたいのです。

学校現場でＷＨＹのことで「そもそも〜」といって議論をする教師は少なくありません。決して悪いとはいいませんが、時間が有限であることを忘れてはいけないと思います。じつは目的はシンプルですので、あまり深追いしなくていいのでは、と思います。それよりも盲目的に頑張れではなく、ＨＯＷの部分の最適化を考えてみるというのが今後の教育では求められるのではないでしょうか。

第5章　子どもが必ず身につけるべき三つのこと

——「想像力」「デザイン力」「自分軸」が鍵だ

第一に身につけてほしいのは「想像力」

最終章では、いまの子どもたち——予測不能ながらいまより間違いなく激変する新しい時代の大人たちに、〝どうしても身につけてほしい〟三つのことをお話しして、この本全体をまとめたいと思います。

第1に必要なことは、子どもたちの「想像力」（イマジネーション）だ、と私は考えています。想像力とは「目に見えない像」（イメージ）を思い浮かべる能力です。

人間は生きていくあらゆる場面で想像力を使います。今日はどんな一日にしよう。夜は何を食べようか。あの人にこの話をしたらどうなるかしら。週末の旅行はどんな楽しい経験ができるかな。この学校に進んだらどんなことが待っているだろう。病気になったら。就職したら。恋愛したら。結婚したら。子どもが生まれたら……。

先のことはよくわからないから、人間はつねに想像力をめぐらせながら考えます。

現時点で「正解がない」から想像するわけです。これは必ず「正解がある」テストを解くのとは違います。正解があるなら、想像しなくても、自分の引き出しの中にあるものを引っ張り出して当てはめていけば、いずれ必要なものが見つかるでしょう。それはそれで大事なことですが、「その先を考えよう」というのが想像力です。

では、想像力はただの思いつきなのでしょうか。

もちろん想像力にも知識や経験が必要です。知識や経験が豊かであればあるほど、想像力も大きく広く働く余地があるでしょう。逆にいうと、まったく未知で未経験なものの像――姿や形というのは、思い浮かべることができないはずです。

それでも私たちが、この世に存在していないもの、あるいは実現されていない未来についてのイメージを、なんとなく描くことができるのは、なぜでしょう。

そのイメージは、無数のおぼろげな記憶や経験がデタラメに切り貼りされ、合成されたものかもしれません。過去のある経験が、何か突拍子もないものの記憶とくっついて再構成され、見たこともないイメージに変容されて出てくるのかもしれません。これは「夢」に近いでしょうし、「妄想」にも近いでしょう。

昆虫を研究する生物学者たちが、いろいろな虫に同じような構造や器官があると気づいたが、あれこれ想像をめぐらせてもどんな働きをするのかさっぱりわからず、頭を悩ませていたそうです。すると、生物学にまったくド素人のエンジニアが、図を一瞥（いちべつ）しただけで「これ、冷却装置ですね」と断言した、という話があります。

想像力を働かせて、面白い発想や優れたアイデアが出てくるときは、頭の中でそんな大きな飛躍――物事を考える〝常識〟とされている領域や壁のようなものを一気に飛び越える、記憶や経験の組み替えが起こっているのかもしれません。

これこそが、「～こんな見方もあるのかな」とか「こうだったら面白い」というクリティカル、クリエイティブシンキングであり、思考コードでいうC軸そのものです。

だからこそ、想像力を働かせた子どもが「こうじゃないの?」というとき、「何バカなことといってんの」と否定してはダメです。大人からすれば、それが夢や妄想としか思えなかったとしても、です。

どうか子どもには「なるほど、面白いねえ。どうしてそう思うの?」と問いかけ、自由闊達に対話してください。そうすれば子どもの想像が深掘りされていき、より鮮明な像を結んだり、想像が広がって、また異なる像が得られたりするでしょう。

この本で、目標を示して背中を押さないほうがよい、早急に結果だけを求めてはいけない、子どもを型にはめ込んで芽を摘んではいけない、と繰り返し申しあげているのは、それらが子どもの想像力をつぶしてしまうからです。

子どもがぼうっとしているように見えて、考えをめぐらせあれこれ想像するのは、決してムダではありません。夢や妄想のようなことを口にする、一見ムダなことを考える人間こそ必要とされる時代が、目前に迫っています。「余計なこと考えないで、いわれたことをやりましょう」といって背中を押し続けるだけでは、未来の社会を生きていくには何か物足りなくなるのは間違いありません。

保護者のみなさんには、子どもが好き勝手に思いをめぐらせ想像でき、どんな思いつきも口にできる〝自由〟な環境づくりを心がけてほしいと思います。

想像のなかから何か気になるもの、引っかかるものが出てきて、「これ、好きだな」「面白いぞ」と思って表現していく。そんな楽しいプロセスこそが、新しい創造をもたらします。想像力は創造性（クリエイティブ）の土台となる力なのです。

未知の状況に対応するには想像力が欠かせない

読解力のところで、やっぱり本を読むことが大事だ、とお話ししました。本には、大きなことを成し遂げた人の考えや人生が、何百ページといった紙に、何十万字かを費やして詰め込んであります。ものすごい情報量がストーリー仕立てで表現してあって、読者は筆者の論理をたどりながらそれを追体験できます。

ところどころに挿絵があったりしますが、基本は文字だけを追い、場面場面を思い浮かべながら読むわけです。想像するのに、こんなよい世界もないでしょう。1回の食事代くらいで、自分が知らない世界に連れていってくれるのですから。

三島由紀夫が『文章読本』に、「世界一の美女がいた」と本に書けば、どの読者も自分にとって世界一の美女を思い浮かべることができる。しかし、映画やテレビに同じことはできない。必ず実物の美女を登場させる必要があり、見る者一人ひとりによって世界一の美女は異なるからだ——という意味のことを書いています。

そのとおりで、本は身の回りにあって想像力を刺激してくれる、もっとも効果的なものの一つでしょう。

対して、迫真力ある音と映像ですべてを見せる映画やテレビは、次から次に展開する場面についていくのが精一杯で、その場その場で想像力を働かせる余地は少ないかもしれません。むしろ、映像に圧倒されて感動したあと、「主人公はああだったけど、自分ならば……」というように今後の人生の一場面での想像力の源になるかもしれません。

ですから「テレビやビデオを見るな。ゲームもせずに、本を読め」という単純な話でもありません。想像力のためには、さまざまな経験を積んで、好奇心を育んだほうがよいに決まっています。

いずれにせよ、何も想像しない人間などいませんから、想像力はもともと人間に備わっています。それを大人が知らず知らずのうちに子どもから奪ってしまうから、想像力が欠如した人間が生まれるのです。

２０２０年に始まる入試改革や教育改革が、「未知の状況にも対応できる『思考力、判断力、表現力等』」（新学習指導要領）を重視することを、改めて思い出してください。未知の状況は、知らないことばかりですから、想像するしかありません。

想像する力がなければ、新しい問題にうまく対応できません。社会を変えていくには、来たるべき望ましい社会を想像する力が、どうしても必要です。

子どもたちは、未知の状況のなかで、自分の新しい未来を切り開いていかなければなりません。どうか、子どもたちの想像力を、思いっきり大きく育ててください。

余りの出る割り算で、余りをどう分ける？――想像力を扱う授業の例

算数や数学の授業で「想像力」をトレーニングすることは可能なのでしょうか。

実は、新しい中学の学習指導要領には、「数学的活動の楽しさや数学のよさを実感して

粘り強く考え、数学を生活や学習に生かそうとする態度、問題解決の過程を振り返って〜」とあります。

以下は、香里ヌヴェール学院の授業例です。

テーマは「エチオピアの水不足の村で湖まで8人の村人が行って水をつめたらペットボトルで47本になった。8人で分けたい。どうしますか?」という問題。つまり、余りが出る割り算です。

日本に住むカナダ人と日本人の教師がペアで企画した実験授業のねらいは「世の中のものを分ければ余りが出る場合のほうが多いはず。だから、どう分けるかを考えさせたい」というものです。

彼らは、前章で取り上げたSDGs(持続可能な開発目標)からこのテーマを考えたとのこと。たしかに、その6には「安全な水とトイレを世界中に」とあります。

この割り算からすると1本足せば割りきれる、といった視点で考えさせることが多いのですが、ここでは「余りは余りとして」どのように分配させるかを考えさせたのです。

子どもたちからは、次のような答えが返ってきました。

・「家族が多い人に分ける」

・「余りはみんなが使うための水としてためておく」

なるほど。面白いですね。割り算は平等に分けるといった固定概念を私も持っていましたが、世の中では「平等に」の意味はさまざまではないかと感じます。すべての人に等しく同じ分量ということでもないような気がします。「シェア」という概念のほうが実際はすっきりするのではないでしょうか。

算数・数学の論理的な思考をもとに、Ｃ軸の想像力を使った授業だと思いました。

「想像力」はトレーニングできる

「想像力」の重要性はよくわかった。でも、それは得意な子どもだけでどの子にも当てはまるものではないのでは、という声が返ってきそうです。

しかし、「想像力」はトレーニングできるのです。それには、三つの視点が重要です。

①良質な問い

子どもが想像力のスイッチを押したくなる、いわゆる思考コードのＣ軸のような「もしあなただったら〜」といった「問い」です。大人が投げかけるとするならば、できたらその問いは自分自身も突き詰めたことがある内容のものがいいです。知識的なものであっても、経験に基づくものであってもよいと思います。

②クリティカルシンキングにいざなう

子どもが「想像」したことを、俯瞰的にとらえるような対応をすることです。

たとえば、「お金持ちになりたい」と子どもがいうならば、「なぜ、お金持ちになりたいの」そして「好きなものが買える」からと答えがくれば、「どんなものが好きなの?」そして「〜や〜」と答えがくる。

「〜や〜がなぜ好きなの? ほしいの?」と聞き返す。

質問を重ねることによって想像したことのイメージを膨らましてロジックを固めてあげます。

③きちんと表現させる

想像したことを、その理由も含めて論理的に表現できるようにトレーニングする。これは第2章で取り上げた表現力を参考にしてみてください。

「想像力」の最後に授業のことも書いておきたいと思います。

前述した通り、授業で学ぶA軸(知識・技能)とB軸(論理的思考)はとても大事です。今後のグローバルな社会で生きていくうえでは、多くのことを知って、そして、物事が複雑にからまり合っているなかで最適な答えを出していく必要があります。そのためにも、多くの知識・技能を得て、論理的思考のトレーニングにも積極的に挑戦することが、「想像力」を豊かにするエネルギーであることは間違いありません。

子どもたちにとって、多くの時間を過ごすことになる授業です。「学ぶのは楽しい」という姿勢で取り組んでほしいものです。

第2に身につけてほしいのは「デザイン力」

第２に必要なことは、子どもたちの「デザイン力」だ、と私は考えています。

デザイン力は、ファッションをデザインする、室内空間をデザインするというように、スタイルや造形について、創意工夫して設計する能力を指すのがふつうでしょう。

しかし、私の申しあげるデザイン力は、もっと広い意味。およそあらゆるものをつくっていくとき、さまざまな要素を取り入れるかどうか吟味しながら、うまく機能するように配置し、全体の計画を構想していく力のことです。

構成力・設計力・表現力などといわれる能力も、もちろん含まれます。構想の実現にむけた対話力・交渉力・協調力といったコミュニケーション能力も必要になってきます。

みなさんはいま、想像力をあれこれ働かせて、「うちの子の場合にあてはまりそうだ」とか「たしかにこれは、うちの学校の問題かもしれないな」とかと思いながら、この本を読み進んでくださっているのではないでしょうか。

そして、本から「子どもにはどんな教育が必要か」についての知識や考え方を得たうえで、「では、これからこうしてみようかしら」と自分なりに方針や計画を立てていくわけでしょう。

たとえば、そんなとき発揮される力が、私のいうデザイン力です。

デザイン力を駆使してオリジナルなものを構築する喜び

忘れてはならない大事なことは、「だいたい賛成だけど、うちでやるにはこんな事情があって……」「著者のこの提案は気に入ったからすぐやりたいけど、この話は違うんじゃないかしら」というように、デザインしていくプロセスでは、必ず人それぞれ個別の事情やこだわりが、大きなウェイトを占めてくることです。

子どもの教育について「そういえば大好きだった爺ちゃんが、『お前たち、これだけは毎日やらなきゃダメだぞ』って、よくいっていたなあ」と思い出し、それをわが家の方針の中心にすえたって、全然よいはずです。

何かをつくるとき、なるべく楽しく心地よいものにしたい、自分のこだわりを反映させたい、と考えるのは当然のことでしょう。

ＡＩは、子育てに関する膨大なテキストと、世界の現実から抽出した膨大なビッグデータを分析し、論理と確率論からして「子育ての最適システムはこれである」と出してくるかもしれません。

でも、それを唯一正しい子育てとして押しつけられては、たまったものではないでしょう。機械が「最適な子育てとは、両親がそろって、２歳になった時点でこれとあれを導入して……」などというのに従うことは、馬鹿げています。

自分の子育てをデザインする力は、メディアやサイトや本やパンフレットのいう通りに計画する力ではなく、さまざまな情報を参考にしながら、自分の家庭の諸事情も勘案し、家族で話し合ってオリジナルなものを構築していく力です。

おしゃれで楽しく教育したい、わが家なりの教育という独自色を出したいと、試行錯誤を重ねて、自分なりの教育方針がデザインできれば、喜びもひとしおのはず。

自分オリジナルのデザインだからこそ、頑張って実現していこうという強い意欲も湧いてきます。その意欲は、マニュアルに従って、書いてあることを一つひとつ実行していく意欲とは、質も量も大きく異なるに違いありません。

子どもたちの学習、部活動、趣味、遊びなどでも、同じことがいえるはずです。保護者のみなさんには、そんなデザイン力を養える環境をつくり、子どもに問いかけ、対話をしてほしいと願っています。

「時代はアートだ！」というキャッチコピーをよく耳にします。

外資系コンサルティングにいた人が、「コンサル会社の謳い文句は、ずっとロジカルシンキングやクリティカルシンキングだったのですが、最近どこも『AI時代にロジカルだけではダメだ。必要なのはロジカルをベースにしたアートだ』といいはじめています。コンサル業界ではアートが最重要のトレンドで、有名なコンサルティング会社のマッキンゼーもデザイン会社を買収したんです」と話していました。

日本では美術や芸術だけをアートと思いがちですが、もともとの概念では、この世界に自然にある（または神様がつくった）さまざまな事象についての知識や学問がサイエンス（科学）。この自然に対して人間が技や技術を駆使してつくるのがアートです。

子どもたちに必要なデザイン力も当然、広い意味のアート——美術や芸術のジャンルにとどまらない、手仕事や技術を幅広く含むものです。

かっこよく、美しく、楽しく、人間の機微に触れるようなデザイン力が、ＡＩ時代には絶対に必要です。

この部分は積極的にＡＩを使うべきだが、この部分はＡＩに頼らないほうがいい、と想像力を駆使しながら切り分け、さまざまな事物をデザインしていく力こそが、子どもたちに求められています。

ここでみなさんに、その重要性を知ってほしいことがあります。学校には、「主要教科とその他の教科」という、いい方があります。関西では副教科なんていい方があります。入学試験で出題されるような科目を主要教科としていますが、その他の教科はどんな意味があるのか、あまり考えられてこなかったのではないかと思います。「〜も大事」くらいの位置づけだったのではないでしょうか。

このことをここで今一度考えてほしいのです。芸術や家庭科、保健体育といった科目は、まさにデザインし、表現する科目なのです。表現の技術がよく問われますが、それよりも自分なりに心地よい表現、デザインをトレーニングすることを考えるととても重要な科目なのです。

第3に身につけてほしいのは「自分軸」

第3に必要なことは、「自分軸」だ、と私は考えています。

自分という軸、自分オリジナルのブレない軸をしっかり持つことが、教育の最終的な狙いと考えています。

いま申しあげたデザイン力で「自分のこだわり」「オリジナル」「独自色」といった言葉を使ったように、私はデザイン力と自分軸はかなりリンクしており、重複する部分が少なからずあると考えています。

自分軸をつくるものの一つは、単純に〝好き嫌い〟でしょう。「え、好き嫌い」と思う方もいらっしゃるかもしれませんので、「感性」といってもいいかもしれませんね。

何かを選ぶとき、人間はあれこれ理屈を並べたり懐具合と相談したりしても、最終的には自分の好みに従って物事を決める場合が多いのです。

どの服にするか。何を食べるか。誰と遊ぶか。どんな仕事に就くか。この人と結婚するかどうかという、自分の人生の4分3くらいを左右するかもしれない重大事さえも、結局は好き嫌いで決めています。

人は、物事を判断するのに、「ロジック」と「感性」の両方の軸を持って考えています。みなさんは、どちらの軸を重視して物事を判断していますか。

自分の好みをしっかりと持つのは、案外たいへんです。

好き嫌いは、あるようでないような、何かはっきりしないこと。感覚的で微妙で、合理的に説明しにくいこと。いい加減で、どちらかといえば非科学的なこと。だから「蓼食う虫も好きずきだ。放っておこう」と、突き放されたりするわけです。これは、柳蓼という草の苦い葉を好きな虫がいるように人の好みはさまざまだ、ということわざですね。

そんなはっきりしないことだから、じつは自分の好き嫌いをよくわかっていない人が大勢います。すると最終的に好き嫌いで物事を選ぶとき、何を選んでよいのかわからない。つまり「自分はどうしたいのか」がわからないのです。

好き嫌いがはっきりわかるように

ＡＩを推進する気鋭の学者に子どもが生まれたとき、ある人が「どんな大人に育ってほしいですか」と聞いたら、ちょっと考えて「好き嫌いがはっきりわかる」といったそうです。ＡＩ分野の日本代表のような人がそういったと聞き、我が意を得たり、と私は思いました。

指示待ち人間の特徴と思いますが、「好き嫌いのはっきりした」「これは好き、これは嫌いとはっきり主張する」がとても少ない、とある大学教授が嘆いていました。

大学生に「あなたは何がしたい？　何が好きなの？　絶対ここに入って仕事をしたいと思う会社はどこ？」と聞くと、もちろんはっきり答える学生もいますが、「とくに好きなことはない」「よくわからない」と答える学生が多いというのです。

漠然と「マスコミ関係に行きたい」という就活学生も少なくないそうです。マスコミは給料がいい、会社が小さいわりに社会で存在感が大きい、社会に発信していく知的な仕事だ、などと思っているからでしょうか。

そこで、大学教授が詳しく聞いてみると、どうやら新聞・出版・インターネット・テレビ・ラジオ・映画・広告などの会社をまとめてマスコミと認識していて、どこでもいいからそっちの方面に行きたい、と思っているとわかって呆れたとか。

本が好きで書くのも得意な子が新聞・出版など活字方面に進みたい、ビデオを撮るのも映画を見るのも好きな子が、放送局や制作会社など映像方面に進みたいというならわかります。

でも、活字と映像というかけ離れたものをカテゴリーに入れて、そのうちどれかに行きたいという発想は、たしかに何がしたいのか、よくわかりません。

これらは自分の好き嫌いがはっきりせず、自分軸を持たない例でしょう。

自分の好き嫌いをよくわかり、自分の頭や心に従って自分らしく生きるのが、自分軸を持った人。逆に、自分の好き嫌いがわからず、いつも他人の考えや価値観に引きずられて行動し、世の中のその他大勢と同じように生きるのが、自分軸を持たない人。

自分軸がなく「他人軸」に頼り切っている人は、軸がブレた独楽(こま)のようにフラフラあちこち動き回った挙げ句、長く立っていられずコテンと倒れてしまいます。

いつも自分を他人に合わせて、いいたいこともいわずストレスをため込み、他人に振り回されて自分をすり減らす生き方は、消耗するのも早いわけです。

自分軸に従って選んでいるようで、じつは選ばされていないか

はたから自分軸があるように見えて、自分でもオリジナルの軸を持っていると思っている人が、じつは本当の自分軸を持っていないケースが、現代社会で急増しているように、私は感じています。

たとえば政治の世界では、日本で党派別の最大勢力となっているのは「無党派層」（支持政党なし）で、どの世論調査を見ても割合は40～45％くらい。無党派層の半分くらいが与党に投票すれば現状維持、無党派層の4分の3が野党に投票すれば政権交代、という状況が長く続き、後者はめったに起こらない状況です。

そんななかで「ワンフレーズ・ポリティクス」や「劇場型政治」ということがいわれ、自分の頭で熟考した末に投票する有権者が減ってきたように思います。世の中の風や大勢を見て感覚的に投票する人が、増えているのではないでしょうか。

極論すれば、自分で考えて選んだと思っている投票行動は、主体的な〝選択〟というよりも、目先の状況への感覚的な〝反応〟ではないか、と思えるのです。KY（空気が読めない）の逆で、空気ばかりを読んで結局、周囲への迎合や同調に終始してしまう。

これは自分軸がはっきりしないことの表れで、「出る杭は打たれる」「寄らば大樹の陰」といった発想が強いのも同じ話のように思えます。

とくにいまはスマホが氾濫し、インターネットが隆盛をきわめる時代です。何でも自分の好みで決めているようで、じつはネットの情報に引きずられ、誰かに選ばされているという側面がありそうです。

商品選び、学校選び、会社選びも、そうかもしれません。ネット広告は「ターゲティング」や「パーソナライズ」（検索履歴・サイト閲覧履歴、位置情報などを収集し、個人の嗜好に合わせた狙い撃ち広告を出す）、「レコメンド」（商品ページを見る人に類似商品や過去の購入商品の広告を出す）などを盛んに仕掛けています。

その広告に従って買い物することは、じつは選んでいるようで、選ばされているだけかもしれない、という視点を忘れたくないものです。

AIを使う人になるか、使われる人になるか

「食べログ」というグルメサイトがあります。飲食店をカテゴリ別に分類し、メニューや価格や地図や口コミ情報を、利用者の評点（満点が星五つで5・0点）とともに紹介しています。月間1億2000万件近いアクセスがあるそうで、全日本人が平均毎月1回見ている計算の大規模サイトです。

明日の晩どこそこで友だちに会うが、天ぷら好きだから食べログで店を探そうというのは、もちろん結構なことです。でも、食べログで拾いきれない雰囲気や情報もあります。口コミを読んで「つまらないことで店を評価しているなあ」と思うこともあるかもしれま

せん。そこは、流されない自分軸が必要です。

食べログがいかに便利でも、それを気にして使われてばかりいるのは残念な人でしょう。

本格的なAI時代には、食べログのようなシステムが次から次へと登場してくるでしょう。それを使う人になるか、使われる人になるか。子どもたちには、しっかりした自分軸を持って、使う側の人になってほしいものです。

保護者のみなさんは、自分の子どもが高校生、少なくとも高校を卒業するときには、好き嫌いをはっきり表現でき、ブレない自分軸を持ち、それに基づいてオリジナルな選択ができるように育ってほしいですね。

それには、保護者のみなさんが子どもに対して、やっぱり押しつけや制限・禁止ではない「問いかけ」の言葉を発し、対話を深めていくことが大切でしょう。

「想像力」「デザイン力」「自分軸」を兼ね備えた〝C軸の人〟

この本では、「はじめに」でフランシスコ・ザビエルに関する問題を三つ紹介し、思考コードのA軸・B軸・C軸に触れたあと、大学入試改革や教育改革が掲げる「未知なる状況に対応する思考力・判断力・表現力」「考える力」や真の意味での「学力」について検討を重ね、最終的に必要なのは「想像力」「デザイン力」「自分軸」の三つだ、というお話をしました。

結局私は、いま子どもたちに痛切に求められているのはＣ軸の「創造的な思考」で、これこそが教育改革の謳う「思考力・判断力・表現力」や「考える力」であり、勉強力・合格力・与えられた目標を期限内に達成する能力などとは大きく異なる〝真に必要な学力〟なのだ、ということを繰り返し述べてきたように思います。

子どもが「想像力」「デザイン力」「自分軸」の三つを兼ね備えたとき、その子は予測不能な時代を力強く生き抜いていくことのできる〝Ｃ軸の人〟になるのだ、と私は確信しています。

「想像力」「デザイン力」「自分軸」の三つとも、子どもが苦労に苦労を重ねなければ獲得できないものでもなければ、どこかから持ってきて子どもの頭に植えつけるようなものでもありません。どれも、無限の可能性を秘めた子どもたちが、もともと必ず片鱗を持っており、引き出して開花させることができるものです。

子どもたちの芽を摘むことなく、それをうまく引き出し、真の学力を身につけた子どもたちを未来に送り出すことが、私たち大人の責務ではないでしょうか。

おわりに

【問い】もしあなたが、ザビエルのように知らない土地に行って、その土地の人びとに何かを広めようとする場合、どのようなことをしますか。６００字以内で答えなさい。

ここまで読んでいただき、ありがとうございました。この問題に対して、「想像力」は働いていますでしょうか

現在、私は香里ヌヴェール学院学院長のほかに、聖ドミニコ学園（東京都世田谷区幼小中高・カトリック校）でカリキュラム・マネージャーという仕事をしております。「カリキュラム・マネージャーって、どんな仕事ですか」と聞かれると「レストランだったらメニューを考える仕事だよ」と答えるようにしています。

学校でもっとも大事なものは「授業」です。私学であれば、保護者の方からいただいているのは、「授業料」です。聖ドミニコ学園は中高一貫校。6年間で教える各教科の授業内容を学習指導要領をベースに、内容が有機的にリンクをして、未来を生きる生徒たちが、この本で述べてきた未来社会で活用できる「学力」を身につけてほしいと願っています。

その「学力」のベースとなるのが、冒頭の問いです。このような問いに向き合って、生徒たち一人ひとりが自分軸を持った生き方をしてほしいと思います。

そして、思考コードをカリキュラムに反映させていくときに、もう一つの軸が必要です。それはその学校のミッションです。ミッションスクールの教育として、聖ドミニコ学園のカリキュラムには、「未来永劫世界が平和に、そして一人ひとりが幸せに心豊かに生きてほしい」という軸を忘れずに、味つけするように心がけています。

本書執筆にあたっては、多くの方々から力添えをいただきました。

とくに、私が日頃の教育活動をしているなかで、「モヤ感」から抜けられなくなったとき、自分軸を見失いかけたとき、私立学校研究家の本間勇人さんや、(株)スタディエクステンション代表の鈴木裕之さんに相談にのってもらいました。お二人には感謝の言葉もありません。

そして、21世紀型教育機構のみなさん、今まで知り合った多くの先生方、生徒のみなさん、首都圏模試センターをはじめとした教育関係のみなさんとの日々の対話によって、これから求められる学力に対して本書にまとめることができました。みなさんに深く感謝いたします。

最後に来年はいよいよ２０２０年を迎えます。東京オリンピック・パラリンピックが開催される年ではありますが、教育界にとっても大きな1年となることは間違いありません。私の教員生活も終盤戦にさしかかりますが、未来の社会を想像しながら教育のデザインの仕事をしていきたいと思います。

このたび、執筆の機会を与えてくださり、無理な編集につきあっていただいたSBクリエイティブの渡邉勇樹氏、そして時として折れそうになる心を支えてくれた妻の美恵には、心から感謝を贈りたいと思います。

２０１9年8月 石川一郎

主な参考文献

『ＡＩ vs. 教科書が読めない子どもたち』（新井紀子　東洋経済新報社　２０１８年）
『ＡＩに負けない自分で考える子どもを育てる21世紀型教育』（大橋清貫・本間勇人　秀和システム　２０１８年）
『自分ごとからはじめよう　ＳＤＧｓ　探究ワークブック』（保本正芳・中西將之・池田靖章　ｎｏａ出版　２０１９年）

著者略歴

石川一郎（いしかわ・いちろう）

「聖ドミニコ学園」カリキュラム・マネージャー、「香里ヌヴェール学院」学院長、「21世紀型教育機構」理事。1962年東京都出身、暁星学園に小学校4年生から9年間学び、85年早稲田大学教育学部社会科地理歴史専修卒業。暁星国際学園、ロサンゼルスインターナショナルスクールなどで教鞭を執る。前かえつ有明中・高等学校校長。「21世紀型教育」を研究、教師の研究組織「21世紀型教育を創る会」を立ち上げ幹事を務めた。著書に『2020年の大学入試問題』(講談社)、『2020年からの教師問題』（ベストセラーズ）などがある。

SB新書　487

2020年からの新しい学力

2019年9月15日　初版第1刷発行

著　者　石川一郎

発行者　小川 淳

発行所　SBクリエイティブ株式会社
〒106-0032　東京都港区六本木2-4-5
電話：03-5549-1201（営業部）

装　幀　長坂勇司（nagasaka design）

本文デザイン・DTP　三協美術

編集協力　坂本衛

印刷・製本　大日本印刷株式会社

落丁本、乱丁本は小社営業部にてお取り替えいたします。定価はカバーに記載されております。本書の内容に関するご質問等は、小社学芸書籍編集部まで必ず書面にてご連絡いただきますようお願いいたします。

ISBN 978-4-8156-0261-1